UN G(

est le neuf cent soixante-neuvième ⌐⌐⌐⌐⌐
publié chez VLB ÉDITEUR

VLB ÉDITEUR
Groupe Ville-Marie Littérature inc.
Une compagnie de Quebecor Media
1010, rue de La Gauchetière Est
Montréal (Québec) H2L 2N5
Tél.: 514 523-1182
Téléc.: 514 282-7530
Courriel: vml@groupevml.com

Vice-président à l'édition : Martin Balthazar

Éditeur: Stéphane Berthomet
Directeur littéraire: Alain-Nicolas Renaud
Maquette de la couverture: Louise Marois
Maquette intérieure: Julien Del Busso

Catalogage avant publication de Bibliothèque et Archives
nationales du Québec et Bibliothèque et Archives Canada
Gobeil, Stéphane, 1968-
   Un gouvernement de trop
   Comprend des réf. bibliogr. et un index.
   ISBN 978-2-89649-399-9
   1. Souveraineté - Aspect économique - Québec (Province). 2. Fédéralisme - Aspect économique -
Canada. 3. Finances publiques - Canada.
FC2926.9.S4G32 2012   971.4'05   C2012-940171-4

DISTRIBUTEURS EXCLUSIFS

• Pour le Québec, le Canada
et les États-Unis:
LES MESSAGERIES ADP*
2315, rue de la Province
Longueuil (Québec) J4G 1G4
Tél.: 450 640-1237
Téléc.: 450 674-6237
*filiale du Groupe Sogides inc.,
filiale de Quebecor Media inc.

• Pour l'Europe:
Librairie du Québec / DNM
30, rue Gay-Lussac
75005 Paris
Tél.: 01 43 54 49 02
Téléc.: 01 43 54 39 15
Courriel: direction@librairieduquebec.fr
Site Internet: www.librairieduquebec.fr

Pour en savoir davantage sur nos publications,
visitez notre site: editionsvlb.com
Autres sites à visiter: editionshexagone.com • editionstypo.com

Dépôt légal: 2ᵉ trimestre 2012
Bibliothèque et Archives nationales du Québec, 2012
Bibliothèque et Archives Canada

VLB éditeur bénéficie du soutien de la Société de développement des entreprises culturelles du Québec
(SODEC) pour son programme d'édition.
Gouvernement du Québec – Programme de crédit d'impôt pour l'édition de livres – Gestion SODEC.
Nous reconnaissons l'aide financière du gouvernement du Canada par l'entremise du Fonds du livre du Canada
pour nos activités d'édition.
Nous remercions le Conseil des Arts du Canada de l'aide accordée à notre programme de publication.

Un gouvernement de trop

Stéphane Gobeil

Un gouvernement de trop

vlb éditeur

*Dans la guerre, on ne se demande
pas si les munitions sont payées, on les tire!*
JEAN PELLETIER

Préface

La chasse à la pieuvre est ouverte

Plus tôt cette année, juste avant le dépôt du budget du Québec, le *Journal de Montréal* et son cousin de Québec ont publié une magnifique carte couleur de la «pieuvre» que représentent les dépenses de l'État québécois. Impressionnant.

Quelques semaines plus tard, au moment du dépôt du budget fédéral... rien. Pourtant, Ottawa happe dans les poches des Québécois presque autant d'argent que Québec. L'organigramme des deux paliers de dépenses aurait permis, si on en avait fait une belle affiche dépliable, de mettre en perspective les deux pieuvres étatiques : la maman fédérale et le petit frère québécois.

D'où vient cette réticence à mettre autant d'énergie – journalistique, politique, citoyenne – pour scruter les dépenses du gouvernement canadien que pour dépouiller celles du gouvernement québécois ? L'anecdote suivante donne un début de réponse.

En 1998, les résidents des environs de Mirabel, opposés au transfert des vols internationaux vers Dorval et inquiets de l'avenir économique de leur région, voulaient manifester leur colère. Ils ont donc pris d'assaut et occupé le bureau d'un ministre du gouvernement québécois.

Arrivé sur les lieux, le ministre s'est déclaré très réceptif aux demandes des Mirabelois et des Mirabeloises, mais leur a fait comprendre que Québec n'a pas la moindre compétence en matière aéroportuaire. «Pourquoi n'allez-vous pas occuper le bureau d'un ministre fédéral ?», leur a-t-il demandé. «On a essayé, mais ils ne veulent pas nous recevoir», ont répondu les organisateurs, qui n'avaient pas jugé utile de s'infliger un voyage à Ottawa pour tenter vainement d'y occuper les locaux des véritables responsables.

Le gouvernement Québécois est «notre» gouvernement. Lorsqu'on lui parle, il répond. Parfois bien, parfois mal. Mais il sent notre présence et on sent la sienne. On peut critiquer sa taille et sa bureaucratie, mais on a une bonne idée de son fonctionnement. Et puis, c'est pratique, il est établi chez nous.

Le gouvernement fédéral est « notre autre » gouvernement. Souvent – de plus en plus souvent –, lorsqu'on lui parle, il ne nous répond pas. On le sait présent, mais on n'a qu'une idée vague son fonctionnement, et surtout de toutes ces « patentes » qui ne font rien chez nous, ou si peu : la Commission canadienne du blé, l'Administration de pilotage du Pacifique Canada, le Service Canadien du renseignement de sécurité…

On se doute bien qu'il se dépense plus d'argent lors des déplacements de sous-ministres fédéraux que lorsqu'un commissaire scolaire ose acheter à nos frais une bouteille de vin. (Ne se doutent-ils pas que ce sera dans le journal ? Ils sont idiots, ou quoi ?)

Mais voilà, les sous-ministres fédéraux nous paraissent être, depuis le bas de la côte d'où nous les apercevons, des gens fort importants. Est-il bien nécessaire de se pencher sur leur train de vie ? Est-il même bien-séant de comparer leurs émoluments à ceux de nos propres sous-ministres ?

Les bureaucraties provinciales bruissent de ces histoires de troisièmes sous-ministres adjoints acceptant une « promotion » au plein poste de sous-ministre dans une province, pour se rendre compte en arrivant qu'ils n'ont qu'une seule secrétaire, pas de chauffeur, et qu'ils doivent répondre eux-mêmes à leur courrier. Croyant monter, ils tombent de haut. Il tombe d'Ottawa.

Tout le monde conçoit, bien sûr, que la bureaucratie québécoise pourrait être plus efficace. Elle mérite toute l'attention qu'on lui porte – et, à mon avis, un peu plus de respect.

Mais si nos « coupeurs de gras » avaient le sens des priorités, ils s'attaqueraient au monstre mangeur de revenus qu'est devenu, sous nos yeux mais sans subir notre réprobation, le gouvernement fédéral.

Le livre que vous avez en mains est capital. Et il l'est à deux titres.

D'abord, il réoriente de façon salutaire l'examen qu'on doit faire de nos impôts et de l'usage qu'on en fait. Pour l'instant, tout se passe comme si nos spécialistes de la liposuccion fiscale ne s'intéressaient qu'au côté Québec de notre corps budgétaire. Stéphane Gobeil nous fait découvrir que notre côté Canada est considérablement plus replet.

La simple progression des dépenses fédérales bureaucratiques en matière de santé, pour des programmes de première ligne pourtant limités aux autochtones ou aux vétérans, laisse bouche bée. Et donne du crédit à la vieille histoire du nouveau ministre fédéral de la Santé rencontrant ses fonctionnaires et en voyant un, prostré à son bureau, en larmes.

« Brave homme, lui dit le ministre, pourquoi une telle peine ? »

« Rendez-vous compte, lui répond le fonctionnaire, mon seul patient est mort ! »

Au fil des pages, on reste pantois non pas devant l'augmentation du prix des services offerts par Ottawa, mais devant celle, démesurée, de la bureaucratie fédérale chargée de ces services. Saviez-vous que les coûts de la bureaucratie de la sécurité ont augmenté en 12 ans de 450 % ? On arrive à ce chiffre en excluant les agents de douanes, de la GRC et des services secrets et le coût des prisons.

L'autre contribution de Stéphane Gobeil est plus importante encore. Il aborde de front la question à huit milliards – la somme brute de péréquation reçue par le Québec en 2010. (Oui, car il y a une somme nette, mais je laisse l'auteur vous expliquer tout ça.)

Il y a mille raisons de vouloir faire du Québec un pays souverain. Ces raisons sont d'abord de nature identitaire, culturelle, politique.

Mais sur le chemin de cette décision qui tient d'abord du cœur, la question du portefeuille se pose. Depuis la première mouture du projet de René Lévesque – lorsque le jeune député Robert Bourassa travaillait sur les portions économiques du futur manifeste Option Québec – jusqu'au fameux Budget de l'an I défendu par Jacques Parizeau et la mise à jour produite par François Legault avant qu'il ne perde sa boussole nationale, la question des profits et des pertes qu'encourrait le Québec en sortant du Canada se pose avec une légitime acuité et une grande régularité.

Je me souviens que, conseiller politique de Jacques Parizeau, j'assistais derrière un miroir sans tain aux réunions de groupes tests d'indécis, avant le référendum. « Quelqu'un de neutre pourrait-il simplement nous donner le prix ? » entendait-on à répétition. Le prix. Le prix de la souveraineté.

La demande était si enracinée que je me dis un jour que la réponse importait finalement assez peu. On aurait pu décider de placarder le Québec d'affiches affirmant : « La Souveraineté : 199,99 $ par personne ! (pour un temps limité) » et satisfaire ainsi un besoin atavique où se confondent l'émotion et la comptabilité.

Depuis 1995, les Québécois ont cheminé. Ils s'y connaissent mieux en économie. Avec la crise de 2008, ils ont pu constater qu'ailleurs – en Europe, aux États-Unis et même en Ontario – des peuples qu'ils croyaient plus rompus aux lois du marché s'en tirent moins bien qu'eux.

Et, c'est singulier, on voit même que, malgré le catastrophisme distillé par plusieurs porte-voix influents, une majorité de Québécois (55 %) estiment qu'un Québec indépendant aurait fait aussi bien (41 %), ou mieux (14 %), durant la crise économique qu'un Québec simple province canadienne. C'est la réponse donnée aux questions d'un sondage CROP réalisé en juin 2009 par nos amis de l'Idée Fédérale.

Cette montée de l'« estime de soi économique » des Québécois est LA donnée économique la plus importante lorsqu'on avise, à l'horizon, la nature du débat de chiffres qui reprendrait lors d'un nouveau rendez-vous référendaire sur l'indépendance.

Deux grands volets de ce débat économique viendront conforter ou éroder cette nouvelle confiance en soi.

Le premier volet porte sur les prédictions qu'on peut faire des coûts de transition qu'un Québec nouvellement souverain devrait assumer et des gains de cohérence et d'efficacité que le nouvel État ferait grâce à son autonomie. (Rappelons-nous que l'ancien et estimé Conseil économique du Canada fut démantelé par Brian Mulroney au début des années 1990 pour avoir eu le culot de conclure que ces deux éléments – coûts de transition versus gains d'efficacité – s'équilibreraient.)

On peut d'ores et déjà prévoir les arguments à venir, de part et d'autre. L'économiste Pierre Fortin avait un jour constaté qu'il y avait une parfaite corrélation entre les prédictions de chute (ou d'augmentation) d'activité économique d'un Québec souverain et la tendance pro-fédéraliste (ou pro-souverainiste) de l'économiste qui faisait le calcul.

Le deuxième grand volet du débat porte sur les coûts supplémentaires que devrait assumer un État, le Québec, soudainement chargé de nouvelles responsabilités (comme la défense) et sur les économies résultant de son retrait de l'actuelle bureaucratie fédérale.

Stéphane Gobeil fait avec ce livre une contribution essentielle à cet aspect du débat. Toutes les interventions qui suivront – y compris contradictoires – devront être à la hauteur du travail de mise en lumière qu'il a accompli.

Ayant épluché ligne par ligne, non pas le budget, mais les livres des crédits, donc les dépenses réelles effectuées par chaque tentacule de la gigantesque pieuvre bureaucratique fédérale, Stéphane a dégagé les dépenses indispensables que le futur État québécois devait retenir pour ses propres activités, puis, en comptant large, a laissé à ce futur État une marge de manœuvre dans plusieurs secteurs (comme la culture, bien sûr, et l'aide internationale, aussi).

Mais il a retranché dans son calcul, comme il se doit, tout ce que le Canada fait et qui ne nous concerne pas (et dont nous finançons le cinquième) ; tout ce que le Canada fait en dédoublant nos propres activités ; tout ce que le Canada fait en Cadillac et que nous faisons en coupé sport.

Les sommes économisées par un futur Québec souverain sont proprement colossales. Et encore, il se trouvera sans aucun doute plusieurs critiques qui accuseront l'auteur de ne pas avoir coupé suffisamment, d'avoir rapatrié trop de budgets, trop de programmes dont on pourrait se passer après tout.

Chacun de ces reproches ne fera qu'attester du potentiel d'économies supplémentaires à la portée d'un Québec souverain, et illustrer combien il serait plus simple d'avoir ces débats chez nous, avec ce gouvernement qu'on connaît et qu'on châtie d'autant plus sévèrement qu'au fond, on l'aime bien.

Les chasseurs de pieuvres bureaucratiques trouveront dans ces pages une proie à leur mesure, et les souverainistes trouveront une base argumentaire comme ils en ont rarement eue.

S'ils décident de faire cause commune, ça commencera à faire du monde. Beaucoup de monde.

Jean-François Lisée, avril 2012

Avant-propos

L'analyse des comptes publics est une tradition qui se perd. Le rythme auquel s'effectue aujourd'hui le travail parlementaire, les innombrables sources et les cycles accélérés de la nouvelle en ont fait un art suranné, presque un artefact de l'histoire politique. Car il faut du temps, beaucoup de temps, pour dépouiller ces immenses livres de comptes ligne par ligne, si bien qu'on a délaissé ce vénérable exercice. C'est regrettable, car voilà bien une source dénuée de tout artifice politique. Ces colonnes de chiffres, aussi arides soient-elles, donnent un portrait précis de ce que font les gouvernements.

C'est après 12 ans passés au Bloc Québécois, d'abord comme recherchiste, puis comme directeur du service de recherche et enfin comme conseiller, que je me suis plongé avec un certain délice dans l'analyse des Comptes publics du Canada 2010. J'ai pu le faire parce qu'à cette période de ma vie, je disposais d'un bien très précieux : du temps libre.

Cet ouvrage est le fruit d'un long travail solitaire, mais il n'aurait pu voir le jour sans les conseils avisés de mes premiers lecteurs. J'ai envoyé un manuscrit à ces trois personnes – qui se reconnaîtront – envers qui j'ai un très un grand respect. Ce sont elles qui m'ont pressé de le faire publier ; je tiens ici à les en remercier chaleureusement. Je salue également mon éditeur, Alain-Nicolas Renaud. Sa précision et sa rigueur ont transformé ce texte.

Enfin, rien de tout cela n'aurait été possible sans la compréhension du SMACC Club, les quatre femmes de ma vie : mon Adorée, ma Chérie, mon Amour et mon Trésor.

Introduction

J'ai travaillé à Ottawa de 1998 à 2009, à la Chambre des communes, le cœur même de l'appareil politique fédéral. J'ai vu à l'œuvre trois premiers ministres du Canada et une longue liste de chefs de l'Opposition officielle.

J'ai été partie prenante des débats sur la guerre du Kosovo, les suites des attentats du 11 septembre 2001, l'entrée en guerre en Afghanistan, le déclenchement de la guerre en Irak. J'ai tenté de poser ma pierre pour limiter les dégâts causés par les crises économiques, de l'éclatement de la bulle technologique à la grande récession de 2008, sans oublier les «crises tranquilles», comme celle de l'industrie forestière, qui font des dommages moins spectaculaires, mais irréparables.

J'ai aussi été témoin de nombreux épisodes de gaspillage, de scandales de mauvaise gestion, de corruption, de la genèse et de l'éclatement du scandale des commandites. Déjà en 1998, je savais qui était Chuck Guité, je connaissais les firmes de communication qui allaient être lourdement impliquées dans l'affaire. L'odeur de la magouille libérale se propageait à cent lieues à la ronde.

Tout cela a été excitant, passionnant, impressionnant. Mais ce qui m'a le plus frappé, ce que je veux partager avec mes concitoyens, c'est le gonflement de l'énorme bureaucratie fédérale, un phénomène qui s'est produit dans l'indifférence générale. Je n'en reviens toujours pas.

En 2003, l'ancien président du Conseil du trésor du Québec, Jacques Léonard, et moi avons entrepris d'examiner l'ensemble des programmes fédéraux en scrutant à la loupe les Comptes publics du Canada. M. Léonard a été littéralement soufflé par ce qu'il a découvert. Il m'a regardé avec ses yeux noirs brillants d'indignation et il a lancé: «Les maudits fédéraux, ils se payent la traite avec notre argent!» Il y avait de quoi se fâcher. À peine cinq ans plus tôt, c'est lui qui avait eu la tâche douloureuse de serrer la ceinture à ses collègues ministres du cabinet de Lucien Bouchard, qui visait le déficit zéro.

À l'arrivée de Stephen Harper au pouvoir, bien des gens ont cru que la fin de la récréation était arrivée pour la bureaucratie fédérale. Comment aurait-il pu en être autrement avec ce premier ministre conservateur, cofondateur du Parti réformiste, qui avait passé toute sa carrière à combattre l'État fédéral?

En fait, rien n'a changé. Le gonflement des dépenses se poursuit à un rythme plus effréné que jamais. Dans les 12 ans qui ont suivi mon arrivée à Ottawa, la masse salariale de l'appareil d'État canadien s'est alourdie de près de 20 milliards de dollars. On parle ici d'une augmentation de 108 % de la masse salariale, qui atteint maintenant plus de 37 milliards de dollars par année. Incroyable mais vrai: 42 000 employés fédéraux gagnent plus de 100 000 dollars par année.

Avec un tel gonflement, nous pourrions croire qu'Ottawa aurait moins recours à des consultants extérieurs. Ce serait mal connaître la bête: c'est tout le contraire qui s'est produit. Sur la même période, les dépenses en «services professionnels et spéciaux» ont requis 5 milliards de dollars de plus, une augmentation de 121 %.

Comment expliquer une telle explosion salariale? Est-ce que le gouvernement fédéral a de nouvelles responsabilités? Pas que je sache. Est-ce que la population canadienne a tellement augmenté? Non plus. Les Québécois et les Canadiens sont-ils devenus si riches en 12 ans qu'ils peuvent se payer sans ciller un gouvernement aussi prodigue? Rien n'est moins sûr: selon Statistique Canada, le revenu moyen des familles n'a augmenté que de 22 % dans les 12 dernières années. Une image vaut mille mots (fig. 1).

Si au moins cet argent servait à payer des infirmières, des enseignants et des médecins ou à offrir des services de transport en commun ou de garderie. Mais non, c'est le gouvernement du Québec qui a la responsabilité de la santé, de l'éducation et des services sociaux.

Figure 1

Coûts de la bureaucratie et revenus des familles, 1998-2010

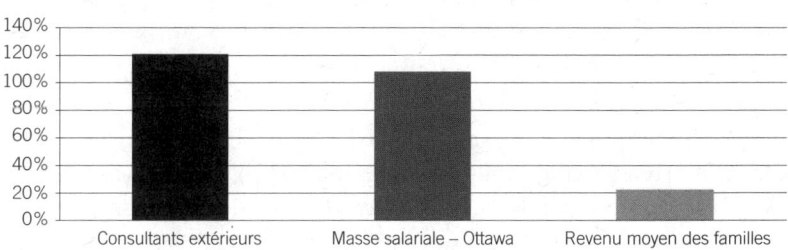

On nous dit d'ailleurs depuis des années que les dépenses de santé sont hors de contrôle, que le gouvernement du Québec gaspille notre argent. Je veux bien, mais alors que dire de la perte de contrôle bureaucratique d'Ottawa, si ce n'est qu'elle est monstrueuse? Selon les données de l'Institut canadien d'information sur la santé (ICIS), en dix ans, les dépenses publiques de santé ont augmenté de 83% au Québec. C'est beaucoup. Mais comment justifier qu'à côté de cela, les dépenses des ministères fédéraux aient augmenté de 107%?

Comme toutes les sociétés occidentales, le Québec doit faire face aux défis du vieillissement de sa population, de la hausse de ses dépenses de santé et d'une dette élevée. Le gouvernement du Québec peut bien promettre de couper ses dépenses au maximum, les frais de santé engloutiront bien vite ces économies de bouts de chandelle. Mais surtout, on l'a vu, le fait est que les dépenses de Québec augmentent bien moins vite que celles d'Ottawa.

Si le Québec doit partir à la chasse au gaspillage, le moyen le plus sûr d'y arriver consiste à éliminer des ministères et des organismes publics. Rien de moins. Or, notre nation se paye le luxe inouï d'avoir une double bureaucratie. Deux conseils du trésor, deux ministères du revenu, de l'environnement, des finances, des ressources naturelles, de la santé, des transports... la liste est sans fin.

Nous perdons des milliards en multipliant les chevauchements bureaucratiques. Si au moins cela nous procurait deux fois plus de services ou de bien-être. Mais non, c'est le contraire. Ces doublons produisent des incohérences, voire des affrontements qui sont stériles pour le citoyen et qui induisent un gaspillage encore plus grand de ressources, de temps et d'énergie. Pire encore, nous finançons un gouvernement qui applique dans tous les domaines des politiques souvent contraires aux intérêts stratégiques du Québec.

Aucun exemple de ce que j'avance n'est plus clair que celui de nos deux ministères du Revenu. Quel intérêt les Québécois ont-ils à remplir deux déclarations, à financer deux bureaucraties, à se battre avec deux systèmes fiscaux complexes et souvent contradictoires ? Aucun. En réalité, si le Québec se débarrassait de l'Agence du revenu du Canada, ses citoyens pourraient déjà économiser plus de 666 millions de dollars en dépenses bureaucratiques, chaque année. De quoi construire chaque année un amphithéâtre et demi à Québec, ou un CHUM ou un pont Champlain en cinq ans.

En abolissant un ministère du Revenu, chacun de nous pourra économiser temps et argent au moment de remplir ses déclarations d'impôt, et nos PME seront déchargées d'un lourd fardeau administratif. Notre fiscalité sera plus claire, plus cohérente, plus efficace.

La bureaucratie fédérale est source d'une énorme perte d'argent pour le Québec. Le premier objectif de ce livre est d'en faire la démonstration. Pour y arriver, je me suis plongé dans les Comptes publics du Canada 2010, un document difficilement discutable.

Si les chiffres sont incontestables, il n'y a pas de fatalité. Rien n'oblige le Québec à continuer de nourrir un tel monstre bureaucratique. Nous pouvons faire d'autres choix. Nous pouvons nous débarrasser de toute la bureaucratie fédérale – de ce gouvernement de trop – en choisissant la liberté politique. En choisissant de nous bâtir un pays.

Tout au long de cet ouvrage, je recense les économies que les Québécois pourraient faire en se débarrassant du gouvernement fédéral. Il y en a pour 7,5 milliards de dollars. Certes, le fédéral nous verse de l'argent, mais même en assumant la perte de ces transferts, un Québec souverain délesté de la bureaucratie fédérale sauverait annuellement 2 milliards de dollars.

Pourquoi continuer ainsi à payer pour un appareil bureaucratique fédéral qui dépense sans compter, qui se « paye la traite » avec nos impôts et nos taxes ?

Pourquoi ne pas se débarrasser de ce gouvernement de trop ?

I

LE NERF DE LA GUERRE :
GRANDEUR ET MISÈRE
DE L'ARGUMENT FINANCIER
POUR LE FÉDÉRALISME

On ne s'égorge qu'à prix d'argent,
et ce nerf de la guerre manque à tous ceux qui la font.
CATHERINE DE MÉDICIS

La bataille des cœurs et des esprits

« C'est la guerre », nous disait Jean Pelletier, l'ancien chef de cabinet de Jean Chrétien, pour justifier les irrégularités fédérales lors de la campagne référendaire de 1995[1]. Mais de quelle guerre parlait-il, au juste? Certainement pas d'une guerre du Québec contre le Canada. Le Québec n'est en guerre contre personne. La seule vraie guerre, c'est celle que mène un appareil politique canadien qui tente depuis cinq décennies d'abattre l'ennemi qu'est le nationalisme québécois.

Il y a eu bien des offensives, bien des manœuvres : les mesures de guerre d'octobre 1970, le « coup de la Brinks », le coup de force constitutionnel de 1982, les basses menaces sur les pensions de vieillesse, les commandites, le *love in* fédéraliste, les menaces de partition, la camisole de force de la clarté référendaire, l'étranglement fiscal, l'usine à citoyenneté de 1995, le tsunami de drapeaux de Sheila Copps, la reconnaissance de pacotille de Stephen Harper... Mais tout cela n'a servi à rien. Décidément, l'ennemi est bien difficile à abattre. L'appareil fédéral doit se rendre à l'évidence : s'il espère un jour remporter une victoire définitive, il doit gagner les cœurs et les esprits des Québécois. Or, sur ces deux terrains, le Canada n'a aucune chance.

Le cœur d'une vaste majorité de citoyens québécois est acquis à l'identité québécoise. Ils sont farouchement attachés à leur visage français. Ces sentiments profonds entrent quotidiennement en collision avec l'idéologie canadienne du multiculturalisme et du bilinguisme de façade, une idéologie que nous finançons pourtant avec nos impôts.

Le gouvernement national des Québécois est à Québec, pas à Ottawa. La télévision qu'ils regardent et la radio qu'ils écoutent sont québécoises. Leurs vedettes préférées sont du Québec et quand un premier ministre canadien attaque nos artistes, il en paye le prix. Quant aux exploits olympiques du Canada, quand ils font vibrer les cœurs, c'est qu'ils sont le fait des champions québécois.

Seuls 8 % des francophones se définissent comme Canadiens d'abord, contre 71 % qui se définissent comme Québécois seulement

---

1. *Le Soleil*, 14 janvier 2009.

ou Québécois d'abord[2]. Si ce n'était qu'une question de cœur, l'indépendance politique du Québec serait chose faite depuis longtemps.

C'est donc sur le terrain des esprits que le Canada s'est replié et
encore là, il est défait avant même que de combattre. Chaque fois, par
exemple, que Stephen Harper glorifie la souveraineté canadienne, il nous
dit que la souveraineté, c'est une grande et belle chose. Or, si la souveraineté est une belle et bonne chose pour les Canadiens, c'est évidemment
vrai pour les Québécois.

Mais, nous dira-t-on, les grands ensembles, c'est l'avenir! Si c'est
vrai, qu'attendent alors les Canadiens pour se fondre dans le grand
ensemble que sont les États-Unis, eux qui parlent la même langue et qui
s'abreuvent déjà si massivement à la culture, à la télé et aux magazines
américains? L'existence même du Canada plaide en faveur de la souveraineté du Québec.

Juridiquement, le Canada est gouverné en vertu d'une Constitution
qui a été imposée au Québec. Cette loi fondamentale, le Québec
a toujours refusé de la signer et pourtant, elle régit toutes les règles
qui encadrent la vie des citoyens. Tant que nous ferons partie du
Canada, toutes les règles que nous nous imposerons seront sujettes à
la Constitution canadienne. C'est vrai pour la langue, pour la citoyenneté, pour le Code criminel et pour toute loi adoptée par l'Assemblée
nationale.

Il est irréaliste de croire que cela pourra changer. Quand Pierre Elliot
Trudeau a affirmé que sa Constitution allait durer mille ans, il savait de
quoi il parlait. Car dans ce document, il y a une formule qui fait en sorte
qu'un seul élu au Manitoba ou en Alberta est en mesure de faire échouer
toute tentative de le modifier.

Pour amender substantiellement la Constitution – par exemple,
pour répondre aux aspirations du Québec –, il faut l'accord d'au moins
7 provinces représentant 50 % de la population canadienne. C'est en
quelque sorte la règle du 50 % + 1 que le Canada refuse au Québec, mais
en moins démocratique, puisque ce sont les députés qui votent et non

---

2. D'après un sondage réalisé pour le compte de Jack Jedwab et repris sur le blogue
de Jean-François Lisée.

pas la population. Cette exigence est presque impossible à remplir, comme on l'a bien vu dans le temps de Meech.

Et si par miracle on y parvenait, il faudrait escalader le mur de l'opinion canadienne. Dans un sondage effectué par la firme Repère communication en 2010, on demandait aux Québécois et aux Canadiens s'ils étaient d'accord pour reconnaître la nation québécoise dans la Constitution canadienne. La réponse des Canadiens est sans équivoque, c'est non à 83 %!

Quand j'entends un Stéphane Dion ergoter sur la «clarté», qui exige une question et une majorité claires à un référendum, je ne peux m'empêcher de penser à cette camisole de force juridique qu'on nous a imposée sans poser la moindre question. Vous avez dit malhonnêteté intellectuelle?

On nous dira que nous pouvons jouer à fond le jeu politique en investissant les grands partis canadiens, et que si le Québec y met tout son poids, il pourra tirer son épingle du jeu. On a déjà vu ce film. Aux élections de 1980, le gouvernement libéral de Trudeau a remporté 74 sièges sur 75 au Québec. Deux ans plus tard, il assénait un des plus rudes assauts politiques de son histoire à la nation québécoise avec son coup de force constitutionnel.

En 1984, suivant le mot d'ordre de René Lévesque, les Québécois votèrent en masse pour les conservateurs de Brian Mulroney, lui qui promettait au Québec qu'il réintégrerait le giron constitutionnel canadien «dans l'honneur et l'enthousiasme». On connaît la suite, qui se résume en un seul mot: échec.

Pour l'avenir, il n'y a rien à espérer d'autre qu'une sourde résistance au déclin mathématique, inexorable, du poids politique du Québec dans le Canada. Il nous reste bien sûr l'État du Québec, celui-là contrôlé à 100 % par les Québécois, mais il est assujetti juridiquement, affaibli financièrement et n'a qu'une faible capacité d'action à l'international, un champ qui ne cesse de prendre de l'importance dans nos vies.

Pour l'esprit, il apparaît donc avec une grande clarté que la seule voie d'avenir pour le Québec, c'est la souveraineté. Elle seule garantira à la nation québécoise le plein contrôle de son avenir sur les plans juridique, financier, international et, surtout, politique.

L'inertie et la peur

On le voit, sur le terrain du cœur et des esprits, le Canada ne fait pas le poids. L'appareil politique canadien s'est donc replié sur ses derniers retranchements : l'inertie et la peur.

L'inertie est une puissante force politique qui joue en faveur du Canada. Pour devenir un pays, le Québec doit en effet s'arracher à la réalité, ce qui est beaucoup plus exigeant que de simplement accepter l'état actuel des choses, soit un confort relatif.

Depuis «l'hiver de force» de 1982, il y a un état de crise latent qui ne demande qu'à s'exprimer. Or, comme nous l'avons vu, les Canadiens sont plus fermés que jamais à l'idée de reconnaître le Québec. Les tenants du fédéralisme le savent et ils se gardent bien d'essayer d'obtenir quoi que ce soit du Canada, sachant qu'ils essuieront un refus cinglant, qui pourrait rallumer les braises qui couvent. C'est cette crainte qui fait en sorte que les Jean Charest et maintenant, François Legault se gardent d'entrer dans un rapport de force avec Ottawa.

Mais la force d'inertie qui sert si bien le Canada dans cette guerre politique est une arme à double tranchant, que les fédéralistes doivent manier avec mille précautions. Les commandites l'ont montré. On a gentiment tenté d'imposer aux Québécois un sentiment d'appartenance envers le Canada par une campagne de propagande. Le procédé, entaché de corruption, a explosé à la figure du Parti libéral du Canada, qui ne s'en est toujours pas remis. Et tout au long de l'année 2005, pendant les audiences de la commission Gomery, les intentions de vote souverainiste se sont maintenues autour de 54 %.

Comme dernier rempart pour le Canada, il reste la peur et le doute. Mais même là, les anciennes campagnes ont perdu beaucoup de leur traction avec le temps. La loi des rendements décroissants a fait son œuvre. On se souvient de la déclaration de Paul Martin qui affirma en 1995 que la souveraineté mettrait un million d'emplois en jeu. Plutôt que de provoquer un ressac des appuis au camp souverainiste, nous avons eu droit à un éclat de rire généralisé. Même la peur recule.

Ce qui demeure, c'est le doute. Cette vieille rengaine qui dit qu'un tiens vaut mieux que deux tu l'auras. Après tout, les Québécois sont plutôt prospères au sein du Canada, un État de droit où ils ne sont pas persécutés. Ce phénomène est incarné par les transferts de la péréquation, ce chèque qui semble tomber du ciel canadien et qui serait payé, dit-on, par les Albertains qui engrangent les milliards en extrayant le pétrole de leurs sables bitumineux. Voilà le dernier atout du Canada face à l'ennemi : le fédéralisme canadien serait rentable pour le Québec.

En 2006, alors qu'il accordait une entrevue à un journaliste français de TV5, Jean Charest affirma que le Québec avait les moyens de réaliser l'indépendance et que ce serait là un choix légitime. Se reprenant dès le lendemain, il écrivait : « La preuve est faite que le Québec, comme société, réussit très bien au sein du Canada. La preuve que le Québec pourrait gagner quoi que ce soit en se séparant du Canada n'a, elle, jamais été faite. »

Cet argument est particulièrement spécieux, puisque pour apporter la preuve définitive que le Québec a beaucoup à gagner de la souveraineté, il faut d'abord la réaliser. Mais le même raisonnement s'applique à l'assertion de Jean Charest voulant que le Québec « réussisse bien » au sein du Canada. Ce fut loin de toujours être le cas et absolument rien ne prouve que ça le sera dans l'avenir.

En matière économique et financière, le camp fédéraliste a toujours tenté de mettre le fardeau de la preuve sur les épaules des souverainistes. Le temps est venu d'inverser cela et de mettre en lumière l'avenir économique qui nous attend au sein du Canada.

Premier exemple : lorsque, avec une franchise qui l'honore, Pauline Marois a affirmé en 2005 qu'il y aurait sans doute quelques années de perturbations après l'accession à la souveraineté, les fédéralistes ont sauté sur l'occasion pour dénoncer la témérité du projet. Or, trois ans plus tard, loin de simples perturbations, c'est une véritable tempête économique et financière mondiale qui s'est abattue sur nous. Le gouvernement fédéral a plongé dans le rouge, le déficit atteignant 56 milliards en 2010, dont au moins 11 milliards sont assumés par le Québec. Même les plus folles campagnes de peur fédéralistes n'ont jamais osé mentionner un tel gouffre financier advenant la souveraineté du Québec.

Devant cette crise, les réactions du Canada ont été très révélatrices, le gouvernement fédéral se portant au secours de l'Ontario et de l'Alberta, deux provinces qui ont été touchées de plein fouet. L'Ontario est maintenant plongée dans le rouge jusqu'au cou, son gouvernement prévoyant des déficits de 90 milliards sur 7 ans. Aux prises avec un important déficit énergétique et devant compter sur de très polluantes centrales au charbon pour produire son électricité, la province devra emprunter des dizaines de milliards de dollars dans les prochaines années pour rénover ses centrales nucléaires et en construire de nouvelles.

Le Canada a changé. Autrefois province la plus riche du pays, l'Ontario se trouve désormais dans la pire situation budgétaire et son taux de chômage est au-dessus de la moyenne canadienne. Cette province, longtemps donnée en exemple au Québec par les donneurs de leçon, est aujourd'hui l'un des bénéficiaires de la péréquation, une situation impensable il y a à peine quelques années. *Shocking!*

Terre-Neuve, la province pauvre par excellence pendant des décennies, se retrouve aujourd'hui parmi les plus riches, membre du club sélect des provinces pétrolières. Ce qui n'empêche pas le gouvernement fédéral de faire pleuvoir sur elle les transferts financiers, selon une logique brumeuse qui m'échappe complètement.

L'Alberta, la Saskatchewan et Terre-Neuve, les provinces pétrolières, sont les nouvelles locomotives économiques du Canada. Et plus le prix du baril de pétrole va grimper, plus le Canada prendra la forme déjà très visible d'un État pétrolier.

Voilà un contexte tout à fait à l'opposé des intérêts stratégiques du Québec. Notre économie repose en bonne partie sur des compagnies manufacturières qui exportent aux États-Unis. Or, les prix du pétrole élevés dopent le dollar canadien, ce qui fait perdre du terrain à nos entreprises, qui voient leurs prix monter en flèche dans leur principal marché d'exportation.

Nos intérêts stratégiques commandent que nous réduisions notre dépendance au pétrole importé. En 2008, ces importations internationales[3] nous ont coûté près de 20 milliards de dollars. Nous pouvons bien sûr chercher à produire nous-mêmes du pétrole, mais la solution

---

3. Cela exclut nos importations de pétrole brut en provenance de Terre-Neuve. Quand au pétrole bitumineux albertain, le Québec n'en importe pas une goutte.

consiste d'abord à diminuer radicalement nos importations de brut. Comment y arriver si les politiques financières, industrielles, environnementales et étrangère du Canada vont toutes dans le sens contraire?

Les difficultés à exporter nos produits manufacturiers, conjuguées à des importations massives de pétrole, nous ont plongé dans un déficit commercial ruineux. Il n'y a aucun secours à attendre du gouvernement fédéral qui a montré ses couleurs durant la crise. Depuis 2008, le Québec s'endette pour secourir l'Ontario.

Et pour couronner le tout, une part énorme de nos impôts continuera à prendre la route d'Ottawa, comme un gigantesque convoi de camions de la Brinks, pour nourrir l'insatiable bureaucratie fédérale.

Si l'avenir économique du Québec dans le Canada nous apparaît sous un jour sombre, que dire de notre avenir identitaire? Comment une personne de bonne foi pourrait-elle affirmer, par exemple, que la culture québécoise va continuer à rayonner avec force, alors même que les leviers les plus cruciaux en matière de diffusion sont tous aux mains du gouvernement fédéral, qui est dirigé par un premier ministre qui méprise les artistes? Et si Jean Charest en était si convaincu, pourquoi aurait-il réclamé la souveraineté culturelle en 2008, comme Bourassa en son temps et François Legault aujourd'hui?

Et, sachant que la Cour suprême applique avec zèle la Constitution contre la Charte de la langue française, comment croire, même avec l'optimisme le plus béat, que la situation du français va s'améliorer au Québec? C'est mission impossible quand on est dans un pays qui prône le bilinguisme et le multiculturalisme que d'intégrer à la majorité francophone les 500 000 nouveaux arrivants auxquels nous ouvrirons les bras dans les dix prochaines années.

N'en déplaise à M. Charest, tout semble indiquer qu'au sein du Canada, le Québec aura de moins en moins les moyens de réussir.

Reste le doute, encore et toujours ce doute pernicieux. Les Québécois se demandent, à juste titre, à quoi ressemblera ce nouveau pays. Quels seront ses moyens financiers? Comment s'en sortira-t-il sans la péréquation?

Pour tenter d'y répondre, j'ai utilisé la plus vieille méthode de l'arsenal parlementaire britannique, mais aussi la plus fiable et la plus rigoureuse : l'analyse des comptes publics[4]. Je vous invite à me suivre dans ce dédale, celui des finances fédérales, avec ses milliers de programmes, ses centaines de ministères et d'organismes, pour suivre la trace de ces millions de chèques qui portent les couleurs du Canada. Je vous invite à pénétrer dans le centre nerveux de la machine fédérale.

À mesure que nous avancerons, le Québec souverain apparaîtra, petit à petit, naturellement. Comme une évidence. Comme ils disent à Ottawa, *follow the money*. L'argent, ce nerf de la guerre.

Ottawa la somptuaire

Et à Ottawa, de l'argent, il y en a. En 2010, le gouvernement fédéral a dépensé un total de 274 milliards de dollars[5]. Cela représente plus de 8 000 dollars par habitant, bébés compris. Pour une famille de quatre, c'est plus de 32 000 dollars, net d'impôt, cela va sans dire. Voilà ce que le gouvernement fédéral dépense au nom de chacun d'entre nous, en une seule année. Ce magot monumental est contrôlé par nul autre que Stephen Harper.

Cette puissance financière est en croissance rapide. En 12 ans, les dépenses fédérales ont crû de 130 milliards, une hausse de 113 %, en excluant le service de la dette ! Pour la même période, les dépenses totales de l'État québécois ont augmenté de 26 milliards, une hausse de 75 %, beaucoup plus modeste que celle du fédéral.

Cela n'empêche pas nombre de commentateurs de pousser des cris d'orfraies devant le manque de contrôle des dépenses du gouvernement du Québec, pourtant bien obligé de composer avec la forte augmentation des dépenses de santé. Mais nous n'entendons jamais cette rengaine à propos d'Ottawa. Pourquoi s'acharner sur le seul gouvernement du Québec ?

---

4. Les Comptes publics du Canada 2010 peuvent être consultés en ligne sur le site du Receveur général du Canada : < www.tpsgc-pwgsc.gc.ca >.

5. J'écris 2010 pour alléger le texte et pour reprendre le titre des Comptes publics, mais il s'agit en réalité de l'année budgétaire 2009-2010, soit les 12 mois qui s'étendent du 1er avril 2009 au 31 mars 2010. Sauf avis contraire, tous les chiffres proviennent des Comptes publics.

Si le Québec est confronté à un défi démographique tel qu'il doit absolument s'efforcer de mieux contrôler ses dépenses, il semble logique de regarder d'abord du côté du gouvernement fédéral, où la croissance des dépenses a atteint un rythme insoutenable. Bien sûr, certains seront tentés de faire confiance à Stephen Harper pour réduire les dépenses publiques, car c'est ce qu'il semble légitime d'attendre d'un conservateur qui a passé sa vie à dénoncer les dépenses de l'État.

Problème : depuis son arrivée au pouvoir en 2006, les dépenses fédérales ont augmenté de 66 milliards, une hausse de 32 % en quatre ans. C'est dire que sous Harper, les dépenses fédérales ont cru au rythme moyen de 8 % par année, plus que sous les libéraux !

Il y a bien eu des compressions, mais celles-ci poursuivaient un but idéologique ; on pensera, par exemple, aux coupes dans les budgets alloués à la culture, à des groupes chargés de défendre les droits des femmes ou aux programmes de recherche sur les changements climatiques. Il y a bien eu des décisions isolées, comme celle visant à plafonner la croissance des paiements de péréquation, un geste qui s'est d'ailleurs fait au détriment du Québec. Mais au bout du compte, même si les conservateurs se décidaient à réduire les dépenses bureaucratiques, ils ne pouraient éliminer des ministères entiers, comme le ferait le Québec souverain.

Le choix qui s'offre à nous paraît très clair. Soit nous demeurons au sein du Canada et laissons le gouvernement fédéral contrôler (et gaspiller) nos milliards en notre nom. Soit nous reprenons le contrôle de notre argent en réalisant la souveraineté.

Évidemment, le Québec devra alors renoncer *de facto* à tous les transferts fédéraux, y compris la péréquation. Je connais bien des Québécois pour qui c'est l'argument décisif qui les amène à renoncer à se dire « oui ». Pourtant, que le Québec soit un bénéficiaire de la péréquation devrait au contraire nous inciter à sortir du Canada. Car cela démontre que d'un point de vue économique, le fédéralisme n'est pas rentable pour le Québec. À moins d'insinuer, comme certains aiment à le faire, que les Québécois sont moins compétents que les autres. Seulement, maintenant que l'Ontario en est également bénéficiaire, cet argument est devenu gênant. En fait, la péréquation est un genre de pacte non écrit au sein de la fédération. Des choix sont faits à Ottawa qui favorisent certaines régions aux dépens des autres; pour compenser, il y a cette forme de redistribution.

De ces grandes décisions économiques, l'une des plus importantes est celle de l'emplacement même de la capitale fédérale: Ottawa est en Ontario. L'impact économique est gigantesque. Les 100 000 fonctionnaires et plus qui y travaillent entraînent des retombées économiques de plusieurs dizaines de milliards de dollars chaque année. Les fournisseurs locaux du gouvernement prospèrent tranquillement sous l'aile protectrice de la bureaucratie fédérale.

Ensuite, il y a eu ces décisions d'Ottawa de concentrer encore dans le sud de l'Ontario les industries du transport aérien, de l'automobile et des services financiers. Et la tendance se confirme avec cette volonté d'Ottawa de créer une commission fédérale des valeurs mobilières. Toutes ces décisions ont drainé l'argent du Québec (et des provinces) vers Toronto.

Les résultats sont extraordinaires pour l'Ontario. Pour illustrer la portée des choix économiques du gouvernement du Canada, rien de mieux que d'examiner la balance commerciale des services entre chacune des provinces de ce grand pays. C'est proprement stupéfiant, car toutes les provinces font un déficit, sauf l'Ontario, confortablement installée sur un gigantesque surplus commercial[6]. C'est ce que j'appelle le «doigt d'honneur commercial de l'Ontario» (fig. 2).

Figure 2

Balance commerciale des services par provinces, 2009

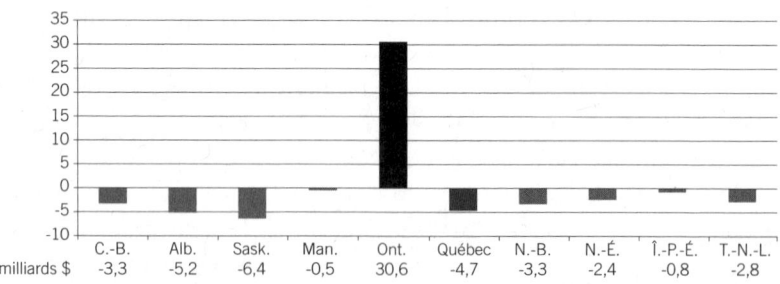

milliards $	C.-B.	Alb.	Sask.	Man.	Ont.	Québec	N.-B.	N.-É.	Î.-P.-É.	T.-N.-L.
	-3,3	-5,2	-6,4	-0,5	30,6	-4,7	-3,3	-2,4	-0,8	-2,8

6. Institut de la statistique du Québec, Comparaisons interprovinciales. Tableau 8.6.

Entendez-vous le son de la carte de crédit du gouvernement fédéral débitée en faveur de l'industrie de l'auto en Ontario ? Cette province a reçu des milliards de dollars d'aide dans un seul budget, celui que couvrent les Comptes publics que nous examinons. Quand l'auto est en crise, pas de problème, Ottawa s'endette.

En 2009, au plus fort de la crise, le gouvernement fédéral et la province de l'Ontario se sont engagés à aider General Motors en débloquant près de 10 milliards de dollars. Ottawa a payé les deux tiers de la somme, soit 6,6 milliards, et Toronto y est allé du tiers restant. Vous croyez que la province a fait sa part ? Pas du tout. Très discrètement, en cachette même, le gouvernement Harper a glissé cette somme dans son propre bilan, faisant ainsi aux Ontariens un cadeau de plus de 3,3 milliards de dollars[7]. En tout, c'est 13 milliards de dollars qu'Ottawa aura injecté dans l'industrie ontarienne de l'automobile.

Pendant ce temps-là, l'industrie de la forêt au Québec est plongée dans une crise qui dure depuis 5 ans. Combien Ottawa a-t-il versé en aide ? Cent soixante quinze millions de dollars pour tout le Canada dont, au maximum, 70 millions pour le Québec. Bilan : Ontario 10 000 – Québec 70.

Imaginons un instant que le Québec ait reçu, comme l'Ontario, 10 milliards pour ses industries forestière, aéronautique et hydroélectrique et que notre gouvernement ait lui aussi reçu un cadeau de plus de 3 milliards de dollars. On peut seulement imaginer l'impact sur notre croissance économique, mais à coup sûr, nous pourrions alors nous passer de la péréquation.

D'autant que cette dernière est beaucoup moins généreuse que les gens le pensent généralement. En 2010, le Québec a reçu 7,6 milliards de dollars au chapitre de la péréquation. Mais il y contribue lui-même à hauteur de 3 milliards, ce qui fait qu'au net, la péréquation nous aura rapporté 4,6 milliards de dollars. On est loin des 13 milliards reçus par l'Ontario pour son industrie de l'auto.

7. Voir Comptes publics du Canada 2010, Analyse des états financiers 1.9. L'entente prévoit que l'Ontario doit cette somme à Ottawa, advenant que le gouvernement fédéral ne rentre pas dans son argent. Mais jusqu'ici, l'Ontario n'a pas eu à débourser un sou, ni en capital, ni en intérêt.

Le prix économique à payer pour recevoir la péréquation, c'est de demeurer dans le Canada et d'accepter que les décisions soient prises à Ottawa. Dans le pays québécois, les décisions seront prises chez nous. Notre argent ne servira pas à financer l'industrie albertaine du pétrole, ou celle de l'auto ou du nucléaire en Ontario. Nos impôts demeureront sur notre territoire, notre épargne ne sera plus drainée vers Toronto et notre fiscalité sera fonction de nos intérêts stratégiques.

Il apparaît clairement que la péréquation est un marché de dupes.

II

BUDGET : DE L'ÉRABLE AU LYS

Pour comparer le plus rigoureusement possible la situation budgétaire actuelle du Québec à ce qu'elle serait après l'accession à la souveraineté, il faut évaluer la part des dépenses fédérales que devra porter le nouvel État. Dans les pages qui vont suivre, je choisis de faire assumer par le Québec l'intégralité des transferts actuellement versés par le gouvernement fédéral. Ainsi, je fais l'hypothèse que les pensions de vieillesse, les prestations d'assurance-emploi et familiales seront intégralement assumés par un Québec souverain. Je considère également que le Québec souverain reprendra à son compte toutes les dépenses actuelles du gouvernement québécois, ce qui inclut les sommes qui lui sont transférées par le gouvernement fédéral. Enfin, mes calculs escomptent que le Québec reprendra à son compte tous les chèques versés aux Québécois et à leurs entreprises, publiques et privées.

Évidemment, dans un Québec souverain, nous pourrons réviser tous ces programmes de transfert pour y mettre de l'ordre. Mais au départ, mieux vaut commencer par faire un grand ménage dans la bureaucratie.

1 Affaires étrangères et Commerce international

À tout seigneur, tout honneur : commençons notre tournée par le ministère des Affaires étrangères et du Commerce international (MAECI), portefeuille régalien s'il en est. En 1999, l'honorable Lloyd Axworthy était le ministre des Affaires étrangères du gouvernement de Jean Chrétien. Député de Winnipeg, bon bougre, il avait la réputation d'être un ami du Québec.

Alors que j'étais tout frais arrivé à Ottawa, le directeur du Service de recherche du Bloc m'a confié le dossier. À l'époque, la question la plus chaude était sans doute celle des Balkans et plus précisément du Kosovo. Je m'y connaissais un peu, puisque j'arrivais d'un voyage d'étude dans l'ex-Yougoslavie et que j'avais rédigé une analyse de la situation dans la région quelques mois auparavant.

Je sentais bien que la guerre du Kosovo pouvait provoquer une intervention militaire de l'OTAN et j'espérais de tout cœur qu'on en finirait une fois pour toutes avec Slobodan Milosevic, un partitionniste criminel qui avait précipité toute la région dans l'horreur.

Mais alors que la situation devenait de plus en plus tendue, je fus plutôt plongé au cœur d'un scandale de favoritisme impliquant le ministre et un de ses *bagmen*[1]. À l'époque, le Canada avait lancé un concours international pour choisir les architectes de la nouvelle ambassade du Canada à Berlin. Une agence d'architectes québécoise, Saucier et Perrotte, l'avait emporté haut la main. Mais le ministre avait fait fi de l'avis du jury et avait plutôt choisi une firme de Winnipeg, dans son comté.

Outrés, les architectes québécois s'étaient épanchés dans les journaux. À ma demande, un des associés m'a envoyé les documents qui montraient sans l'ombre d'un doute que le « bon bougre » Axworthy avait joliment

---

1. Collecteurs de fonds.

magouillé. Poussant notre enquête, nous avons appris que l'architecte de Winnipeg était également l'un des collecteurs de fonds du ministre.

Il y eut en chambre des échanges corsés ; en voici un extrait :

> Michel Gauthier (député BQ de Roberval) : Monsieur le Président, le ministre se défend mal, mais très mal. C'est une firme de Winnipeg qui a été privilégiée, comme par hasard de son comté, et nous nous inquiétons de cela.
>
> Le ministre a invité trois sommités en architecture de l'Allemagne afin de faire en sorte que l'ambassade canadienne s'intègre bien au milieu berlinois. Or, les trois experts allemands ont voté unanimement pour le même projet, ainsi que d'autres membres du jury. Une seule personne était en faveur du projet de Winnipeg.
>
> Comment le ministre peut-il justifier qu'il ait préféré l'avis d'un juré de Winnipeg à celui des trois experts allemands ?
>
> Lloyd Axworthy : Monsieur le Président, nous n'avons pas l'habitude de laisser les étrangers décider de l'apparence des ambassades canadiennes. Ce sont des Canadiens qui prennent ces décisions[2].

Un collègue et moi avons par la suite joint le bureau du ministre dans son comté et avons demandé à parler à l'architecte, en prétendant que nous voulions contribuer à la caisse électorale de M. Axworthy. On a transféré sans attendre notre appel au bureau de l'architecte en question ! Nous avions ferré le ministre, il était pris en flagrant délit. Mais la guerre du Kosovo éclata le lendemain et cette question fut bien sûr mise de côté. Ce fut sans doute la première fois de l'histoire qu'un ministre des Affaires étrangères était soulagé d'apprendre le déclenchement d'une guerre…

Cet épisode permet d'éclairer deux aspects bien différents d'une même réalité. D'abord, pour remplir sa mission, chaque ministère doit engager de grandes dépenses de fonctionnement qui ont une incidence économique significative. Ainsi en allait-il de l'ambassade à Berlin, qui aurait pu offrir un solide coup de pouce à une firme d'architectes québécois, mais qui finit plutôt par aider un collecteur de fonds de Winnipeg.

---

2. Période des questions du 22 mars 1999.

Dans le cas du MAECI, les dépenses d'acquisitions et de services se sont élevées en 2010 à 373 millions de dollars, dont seulement 9 millions ont été déboursés au Québec. Certes, pour ce ministère, une bonne part de ces dépenses se sont faites à l'étranger, mais même en isolant les débours en sol canadien notre part n'a pas dépassé 8,3 %.

Dans un Québec souverain, nous pourrons nous assurer que la grande majorité des dépenses de nos ministères sont faites chez nous.

On ne saurait trop insister sur l'importance des Affaires étrangères, qui sont parfois au centre de questions de vie ou de mort, de guerre ou de paix. Malgré le ton irrévérencieux de ce chapitre, j'ai beaucoup de respect pour le travail des diplomates. Un ami très proche exerce cette profession et j'ai pu constater la difficulté et aussi l'importance de sa tâche.

Il me semble tout à fait évident qu'une nation doit avoir son propre appareil de politique étrangère si elle veut promouvoir efficacement ses intérêts et ses valeurs dans le monde. Et cette fonction devient d'autant plus importante de nos jours que de plus en plus de décisions cruciales se prennent à l'échelon international. Pour le Québec, c'est particulièrement clair.

On l'a vu quand le gouvernement Harper a décidé de couper le financement des tournées culturelles à l'étranger. Pour le gouvernement canadien, la culture relève surtout du divertissement. Mais pour le Québec, elle est non seulement une condition existentielle, mais aussi un formidable moteur économique et une incomparable vitrine internationale. Quelle tristesse de voir l'ancien ministre Lawrence Cannon se faire le complice d'une telle dérive, surtout quand on sait que l'homme fut autrefois ministre de la Culture du Québec.

On l'a vu quand le Canada a commencé à saboter l'accord de Kyoto, alors même qu'il l'avait ratifié. On sait que pour le Canada, le pétrole c'est payant. Mais pas pour le Québec et Kyoto va exactement dans le sens de nos intérêts stratégiques. Faire capoter cet accord international, c'était à la fois nuire à nos intérêts nationaux et saborder notre image de marque à l'étranger.

On l'a vu quand le gouvernement Harper a décidé de fermer des ambassades dans les pays francophones d'Afrique pour se concentrer sur la partie anglophone de ce continent. Le Québec fait des affaires dans les pays d'Afrique francophone depuis des décennies et ces fermetures vont à l'encontre de nos intérêts comme de ceux de la francophonie.

On le voit tous les jours quand les agents du commerce extérieur qui viennent de Toronto ou de Saskatoon n'ont même pas l'idée d'essayer d'attirer des investissements étrangers à Québec ou à Victoriaville. Nul ne peut douter que les diplomates du Québec souverain n'auront de cesse, de leur côté, de promouvoir les intérêts du Québec, de Lévis ou de Val d'Or, à l'étranger.

Et on le voit d'une manière particulièrement évidente quand on sait que Stephen Harper était en faveur de la participation du Canada à la guerre en Irak en 2003. On ne peut pas être plus éloigné de l'opinion publique québécoise. Imaginons notre sort s'il avait été à la barre à l'époque…

Avec ces quelques lignes, on voit déjà se dessiner la politique étrangère du Québec souverain. Mais, nous demandera-t-on : combien ça coûte ?

C'est la question que je me posais quand j'ai jeté un œil sur les dépenses du portefeuille du MAECI. Quelle ne fut pas ma surprise de voir que ce ministère avait dépensé 13,9 milliards de dollars ! Impossible, l'année précédente, ses dépenses dépassaient à peine les 6 milliards. Étrange affaire.

Il y avait bien une ligne sous la rubrique commerce international ou les paiements de transferts totalisaient près de 6,6 milliards de dollars… Pour en avoir le cœur net, j'ai vérifié dans la section des paiements de transferts et bingo ! C'était clair comme de l'eau de roche : le Gouvernement du Canada avait signé un chèque de 6 603 528 658,00 $ à l'ordre de « General Motors et divisions apparentées Détroit MI É-U ».

En fait, il ne s'agissait pas véritablement d'un chèque : le gouvernement a renoncé au remboursement d'un prêt en échange d'actions de la compagnie. Il reste que la plus importante subvention jamais accordée par le gouvernement fédéral l'a été à une compagnie américaine, à Détroit, au Michigan. Et le Québec a apporté à cet effort une contribution de 1,288 milliards de dollars. C'est 161 $ par personne, soit près de 650 $ pour une famille de quatre. Répétons-le : nous avons donné cette somme à General Motors, non pas en Ontario, mais bien aux États-Unis.

Inutile de dire que le Québec souverain n'aurait pas dépensé un cent pour venir au secours d'une compagnie qui a fermé sa dernière usine au Québec il y a des années.

Le terme « portefeuille ministériel » fait référence au fait qu'un ministère a la gouverne de plusieurs organismes et peut remplir plusieurs fonctions. Comme on l'a évoqué, les dépenses ministérielles sont ventilées en trois volets : les dépenses *de fonctionnement*, les dépenses *en capital* et les dépenses *en transferts*.

Sur les 13,9 milliards de dollars dépensés par le MAECI en 2010, une somme de près de 3 milliards a été allouée pour son seul fonctionnement. Sur des paiements en transferts totaux de 10 milliards, la part qui revient au Québec s'élève à 458 millions de dollars. Ce chiffre peut paraître bien modeste, mais une fois déduits du total canadien les 6,6 milliards de GM, c'est exactement le montant des transferts effectués au Québec, sauf dans le cas des dépenses à l'étranger, desquelles j'ai retenu 25 % pour les imputer aux dépenses du Québec souverain[3].

Un Québec souverain profitera beaucoup plus de ces dépenses de fonctionnement qu'il ne le fait actuellement. Des 373 millions d'achats en biens et services, seulement 31 ont été effectués au Québec, une part de 8,3 %. Les achats en biens et services d'un Québec souverain se feront en grande majorité au Québec, même dans le cas d'un ministère qui œuvre beaucoup à l'international.

Le Québec aura évidemment avantage à diriger et à concevoir seul sa politique étrangère puisqu'il pourra ainsi promouvoir ses propres intérêts et valeurs. Même s'il existe déjà un ministère des Relations internationales québécois et que la fin de certains chevauchements pourraient permettre des économies, l'international est si important que j'applique quand même au Québec souverain des dépenses à hauteur de 25 % du total canadien, soit une somme de 591 millions de dollars.

---

3. Les Comptes publics ne précisent pas la destination des transferts de moins de 100 000 $. Pour ceux-ci, j'ai simplement appliqué la proportion des transferts dont la destination était indiquée.

Organismes

Un organisme comme la Corporation commerciale canadienne, qui coûte 16 millions de dollars, a essentiellement pour objectif de faciliter la vente de matériel militaire à l'étranger. Un Québec souverain pourra très bien se passer d'une telle agence en confiant cette mission aux responsables du commerce international.

L'Agence canadienne de développement international (l'ACDI) a dépensé un total de 3,8 milliards de dollars en 2010, dont la plus grande partie – 3,3 milliards – a été allouée en transferts directs aux pays pauvres, au financement des institutions multilatérales d'aide internationale ou à celui d'ONG et d'entreprises privées canadiennes.

Considérant le fait que les Québécois sont très attachés à la coopération internationale, j'impute une part plus importante que notre poids économique ou démographique aux dépenses de fonctionnement assumées à ce titre par un Québec souverain, soit une somme de 109 millions de dollars, correspondant à 25 % du total des frais de fonctionnements de l'ACDI.

Le Centre de recherche pour le développement international (CRDI) est en quelque sorte le bras intellectuel de l'ACDI. Ses dépenses de 171 millions de dollars sont relativement élevées. Un Québec souverain pourrait se servir de sa part pour créer un observatoire de la mondialisation et un centre de recherche sur la reconstruction – un organisme qui aurait été précieux pour planifier et coordonner nos efforts de reconstruction en Afghanistan et en Haïti, par exemple. Ces dépenses étant utiles et importantes, je propose que le Québec souverain assume une part de 25 % du total canadien, soit 43 millions de dollars.

La Commission mixte internationale est un organisme conjoint Canada – États-Unis. Elle est « chargée de la prévention et/ou résolution prompte et efficace des différends possibles sous le régime du Traité des eaux limitrophes et de l'Accord relatif à la qualité de l'eau dans les Grands Lacs pour éviter et prévenir des répercussions nuisibles aux relations canado-américaines ». Comme le Saint-Laurent est tributaire des Grands Lacs, le Québec souverain devra assumer sa juste part et même davantage, soit 25 % du total, ce qui coûtera 2 millions de dollars.

Le Secrétariat de l'ALENA est chargé d'administrer l'application de cet accord de libre-échange. Comme le Québec sera sans nul doute membre de ce traité commercial, il aura grand intérêt à prendre sa place au sein de ce Secrétariat au même niveau que le Canada le fait actuellement. Cela infère des dépenses d'un million de dollars.

* * *

Au total donc, au titre du portefeuille des Affaires étrangères et du Commerce international, le Québec souverain devrait assumer des dépenses de 1,257 milliard de dollars. Soit 1,317 milliard de moins que ses dépenses actuelles[4].

Les avantages de la souveraineté, en plus de ces économies :
- Un appareil diplomatique entièrement voué à la promotion des intérêts et valeurs du Québec.
- Une politique étrangère axée sur la coopération avec, par exemple, un Observatoire sur la mondialisation et un Centre de recherche sur la reconstruction qui pourrait rapidement devenir un centre d'expertise mondial.
- Des dépenses en biens et services effectuées en majorité au Québec.

---

4. Les économies sont calculées à partir de la proportion des revenus fédéraux provenant du Québec, soit 19,5%. Le MAECI a dépensé 13,198 milliards en 2010, dont 2,574 milliards (19,5%) provenaient du Québec. Or j'évalue les dépenses correspondantes du Québec souverain à 1,257 milliard, soit 1,317 milliard de dollars sauvés.

2 Affaires indiennes et du Nord

Il y a belle lurette que le mot « Indiens » a disparu du vocabulaire politique au Canada comme au Québec. L'incongruité de cette appellation ministérielle tient à la Loi sur les indiens qui, dans sa forme actuelle, date de 1951, mais fut adoptée à l'origine en 1867. Si cette appellation peut choquer, dites-vous bien que nous partons de loin. En 1876, après une modernisation, elle fut intitulée Loi sur les sauvages !

Cela reflète bien la situation passée des Premières Nations au Canada : un désastre honteux, marqué par une misère sociale et matérielle qui fait la honte du Canada. La façon qu'a le gouvernement fédéral de répondre à cette situation est déplorable. Trop souvent, en effet, le Canada combat la misère par la répression.

Dans l'Ouest canadien, les autochtones forment une part disproportionnée des personnes incarcérées. C'est ainsi qu'en Saskatchewan, ils comptaient pour 80 % des individus mis en détention provisoire en 2008, alors qu'ils ne constituent que 11 % de la population adulte. En Alberta, ils étaient 36 % des personnes en détention provisoire pour 5 % de la population adulte et au Manitoba, 66 % pour 12 %. Au Québec, selon Statistique Canada, les chiffres sont respectivement de 4 % et 1 %.

Cette situation risque de dégénérer si rien n'est fait pour offrir des perspectives d'avenir aux jeunes autochtones. Statistique Canada prévoit en effet que le groupe d'âge des 20 à 29 ans « augmentera de plus de 40 % pour représenter 242 000 personnes en 2017. Ce taux équivaut à plus du quadruple du taux de croissance de 9 % prévu pour le même groupe d'âge au sein de la population générale ».

Face aux difficultés des jeunes autochtones, la réponse du gouvernement fédéral et des provinces de l'Ouest consiste surtout à remplir les prisons et, quand elles sont pleines, à en construire de nouvelles. Il s'agit d'une réponse simpliste et inhumaine qui, conjuguée avec les taux de natalité élevés des populations autochtones, est une bombe à retardement.

C'est un échec sur le plan social, mais aussi financier. Les affaires autochtones coûtent des milliards de dollars chaque année. Et avec Stephen Harper à la barre du gouvernement canadien, il n'y a aucun espoir de voir le Canada prendre un virage dans la bonne direction. Nous aurions donc intérêt – Québécois et autochtones du Québec – à prendre le volant.

Le portefeuille des Affaires indiennes et du Nord canadien, qui a la responsabilité de 5 organismes, outre le ministère lui-même, a dépensé à lui seul 7,4 milliards de dollars en 2010, dont 1,4 milliard pour le fonctionnement du ministère.

Comme nous le verrons plus loin, les dépenses fédérales en lien avec les nations autochtones ne s'arrêtent pas là, d'autres milliards étant également dépensés à la Santé, aux Ressources humaines, aux Ressources naturelles, l'Environnement, la Justice et évidemment, dans les Services correctionnels, les Travaux publics, etc.

Selon le recensement de 2006, 1 172 785 personnes au Canada déclaraient une identité autochtone. De ce nombre, 108 425 étaient établis au Québec, soit 9,2 % du total canadien. Actuellement, en finançant 19,5 % des dépenses de ce ministère, le Québec débourse 1,5 milliard de dollars. Puisqu'il ne compte que 9,2 % de la population autochtone au Canada, le Québec souverain bénéficiera d'économies substantielles.

Mais surtout, le Québec souverain aura les moyens de donner un très solide coup de barre pour aider ses populations autochtones à redresser la situation, à commencer par le logement. Les fatalistes, ceux qui croient qu'il est impossible de changer les choses, seront bien inspirés de prendre connaissance des réussites des Cris de la Baie James, des Naskapis, des Hurons et de bien d'autres communautés autochtones du Québec[1].

Nous pourrons également faire un sérieux ménage administratif car, malgré les besoins criants des communautés autochtones, c'est encore la

---

1. Le Québec souverain pourra faire une offre très intéressante aux Premières Nations qui auraient des craintes face à la souveraineté. Au moment où le Québec devient souverain, nous leur garantirons exactement le même régime de droits qu'au Canada, ou mieux. Cette idée est un résumé un peu simpliste d'une proposition de Jean-François Lisée.

bureaucratie qui a accaparé la plus forte augmentation des dépenses du ministère des Affaires indiennes et du Nord depuis 1998 (fig. 3). À Ottawa, la bureaucratie l'emporte toujours !

Figure 3

Augmentation des dépenses des Affaires indiennes, 1998-2010

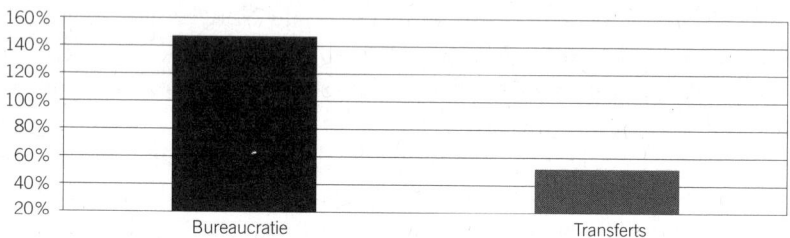

Le ministère dépense des centaines de millions pour les Métis, absents du Québec, et pour développer les ressources du Grand Nord canadien, qui n'inclut pas le Québec. En outre, les fonctions du ministère comptent nombre de chevauchements administratifs avec le gouvernement du Québec, ce qui induit un gaspillage important de ressources. Finalement, des dépenses de 329 millions de dollars en biens et services du ministère, seulement 10 millions sont effectuées au Québec, soit une portion minuscule de 3 %.

Considérant les nombreux chevauchements administratifs entre le gouvernement fédéral et le Québec, nous pouvons escompter des économies appréciables, avec la souveraineté, de l'ordre de 25 % des dépenses de fonctionnement. Cela ramène la part que le Québec souverain devra assumer à 96 millions de dollars.

Les transferts totaux de ce portefeuille ministériel s'élèvent à 6,04 milliards de dollars, dont 630 millions sont versés au Québec, somme que nous reprenons intégralement.

Les autres organismes dépensent en tout 51 millions de dollars, dont 40 millions pour la seule Agence canadienne de développement économique du Nord. Les autres sont la Commission canadienne des Affaires polaires, l'Institut de statistique des Premières nations, le Secrétariat de la Commission vérité et réconciliation et le Greffe du

Tribunal des revendications particulières. Dans le même esprit que pour le ministère, nous proposons que le Québec souverain assume un ratio de 9,2 % de ces dépenses, soit 5 millions de dollars.

* * *

Au total donc, au titre du portefeuille des Affaires autochtones, le Québec souverain devrait assumer des dépenses de 731 millions de dollars et faire des économies de 591 millions de dollars[2].

L'avantage de la souveraineté, en plus de ces économies :
• La capacité de concevoir une toute nouvelle politique autochtone, digne du XXIe siècle.

---

2. Des économies, j'ai soustrait la somme de 127 millions de dollars transférée au gouvernement du Québec pour services rendus.

3 Agences de développement économique

Même si le Canada a imposé sa Constitution au Québec, le gouvernement fédéral ne l'a jamais vraiment respectée. Ottawa s'ingère en effet dans toutes les compétences exclusives du Québec prévues au terme de cette loi fondamentale.

Il en est ainsi du développement régional. Le gouvernement fédéral a en effet créé unilatéralement trois agences de développement économique : une pour le Québec, une pour les provinces atlantiques et la troisième, pour les provinces de l'Ouest[1].

En tout, ces agences ont dépensé 1,3 milliard de dollars en 2010, dont 398 millions au Québec. En apparence, le Québec reçoit donc une jolie part du magot, mais à bien y regarder, c'est moins évident. Les provinces atlantiques disposent d'une somme de 208 dollars par personne pour développer leurs régions, alors que les Québécois ne disposent que de 50 $, soit quatre fois moins.

On pourrait arguer que c'est en fonction de la situation économique que ces montants sont impartis et que celle-ci est plus difficile dans les provinces atlantiques. J'ai donc calculé les montants de chaque agence par chômeur, ce qui donne 1 181 $ pour le Québec, 1 179 $ pour l'Ouest, et 3 607 $ dans les provinces atlantiques (fig. 4).

La raison principale de la création de ces agences par le gouvernement fédéral est politique. Il s'agit d'assurer la visibilité d'Ottawa dans toutes les régions du Québec et de multiplier les occasions d'annoncer des subventions. Cela crée cependant des incohérences dans la politique de développement économique et, comme toujours, des chevauchements administratifs qui sont source de gaspillage et d'inefficacité.

---

1. D'autres agences existent pour l'Ontario, mais au sein du ministère de l'Industrie.

Figure 4

Budgets des agences de développement par chômeur, 2010

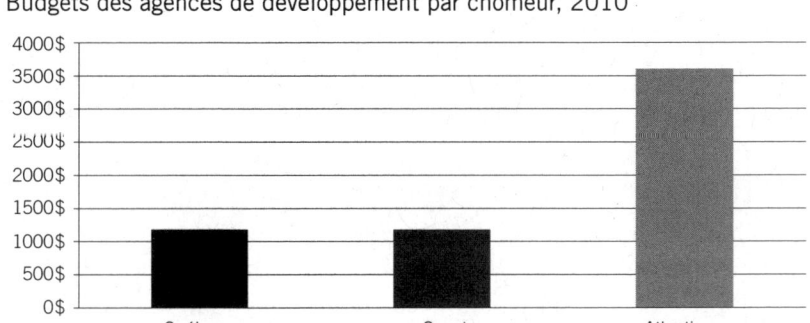

Un exemple : le Québec accorde actuellement un crédit d'impôt aux jeunes diplômés qui viennent s'établir dans les régions ressources, mais le gouvernement fédéral refuse de faire de même, affaiblissant l'effet de la mesure. La souveraineté nous permettra de renforcer considérablement ce crédit qui donne déjà des résultats.

On l'a évoqué, la politique de développement économique du Québec pourra également tabler sur un appareil diplomatique au service des intérêts de toutes les régions du Québec. Ainsi, la bataille du bois d'œuvre avec les États-Unis, qui dure depuis des décennies, est surtout le fait de producteurs américains qui visent l'industrie de la Colombie-Britannique. Mais comme le Québec fait partie du Canada, nous en subissons les représailles. Un Québec souverain pourra sans doute échapper ou du moins atténuer fortement les effets négatifs de cette guerre commerciale.

La plus grande part des dépenses de l'Agence pour le Québec va dans les transferts. Cet argent est le bienvenu dans nos régions et nous considérons que le Québec souverain doit en assumer l'intégralité.

Pour ce qui est des dépenses de fonctionnement, elles découlent de fonctions qui comportent de très nombreux empiétements avec le gouvernement du Québec, ce qui nuit beaucoup à la cohérence de la politique de développement économique québécoise. Nous estimons que l'élimination de ces chevauchements permettra de faire des économies de 25 % dans les dépenses de fonctionnement, une somme de 14 millions de dollars qui pourra être versée dans les programmes existants et aller directement dans les régions.

Quant aux deux autres agences de développement économique, le Québec souverain n'assumera évidemment aucune de leurs dépenses.

* * *

Au total, au titre du développement régional, le Québec souverain devra assumer des dépenses de 384 millions de dollars, ce qui ne comporte aucune économie, mais plutôt un surcoût de 143 millions de dollars.

L'avantage de la souveraineté :
- Une politique de développement régional plus efficace et cohérente, permettant d'assurer un développement économique soutenu des régions du Québec.

4 Agence du revenu

Ah! Le fisc, ses démarches, ses formulaires, ses collecteurs... Qui aime ça? Manifestement, les fédéralistes québécois, puisqu'ils veulent continuer à remplir deux rapports d'impôt. Quatre, dans le cas de nos entrepreneurs. On voit tout de suite le premier avantage fiscal qu'aurait un Québec souverain. Chacun des contribuables québécois perdrait deux fois moins de temps et d'argent pour remplir une seule déclaration d'impôt.

Mais il y a un autre avantage, et de taille: l'efficacité fiscale. En effet, quand un gouvernement ajuste sa fiscalité, il poursuit généralement des objectifs bien précis.

C'est ainsi que, contrairement à une idée reçue, du point de vue fiscal, c'est au Québec que les familles sont les plus choyées. En effet, le gouvernement du Québec a depuis bien des années choisi de favoriser les familles. De tous les pays du G-8, c'est au Québec que les familles ont la charge fiscale nette la moins lourde[1]. Dans un Québec souverain, ce sera encore mieux, puisque la fiscalité fédérale aide moins les familles.

Le même raisonnement s'applique à nos choix sociaux. On l'a vu pour les garderies, pour lesquelles les Québécois doivent laisser 250 millions sur la table du fisc fédéral. C'est vrai aussi pour les frais de scolarité. Comme le Québec a fait le choix de conserver des frais de scolarité abordables, moins élevés qu'ailleurs au Canada, nous sommes punis par la fiscalité fédérale, conçue en fonction des choix canadiens, et nous laissons encore des dizaines de millions sur la table fédérale.

En matière de développement économique, même logique. Le Québec offre des avantages fiscaux très intéressants aux entreprises de haute technologie, qui représentent l'avenir et enrichissent le Québec. C'est

---

1. Voir l'excellent travail de Luc Godbout, Suzie St-Cerny et Chantal Amiot: «Année d'imposition 2008 : Une charge fiscale nette plus faible et des impôts sur le revenu plus élevés qu'ailleurs, est-ce possible?», Document de travail, Chaire de recherche en fiscalité et en finances publiques, Université de Sherbrooke, 2010.

entre autres grâce à cela que le Québec est une Mecque de l'aéronautique, de la biotechnologie et du multimédia. La fiscalité fédérale ne poursuit pas les mêmes objectifs, Ottawa soutenant par exemple massivement l'industrie pétrolière, au grand dam du Québec et de ceux qui se préoccupent de l'environnement.

Dans les dernières années, plutôt que de réduire les impôts, le gouvernement fédéral a abaissé la TPS de 2 points. Un Québec souverain pourra au contraire augmenter graduellement la taxe à la consommation sur les produits de luxe, quitte à réduire les impôts de la classe moyenne et des entreprises. Bref, en matière fiscale, les avantages de la souveraineté sont considérables.

En 2010, l'Agence du Revenu du Canada nous a coûté 4,4 milliards de dollars, dont 4 milliards en frais de fonctionnement. Or les fonctions administratives des agences du Revenu sont pratiquement identiques à Québec et à Ottawa, ce qui implique après l'indépendance des économies que nous évaluons à pas moins de 100 %. Le Québec souverain aura en effet exactement le même nombre de déclarations d'impôt à traiter et il s'occupe déjà de percevoir les taxes à la consommation.

Les seules fonctions qui demanderont des dépenses supplémentaires avec la souveraineté sont celles qui sont liées à l'international. Pour traiter la TPS fédérale, le Québec dépense une somme de 141 millions de dollars, mais comme le Québec souverain n'aura qu'une seule taxe de vente, une bonne partie de ces millions sera épargnée : de quoi financer les nouvelles fonctions internationales.

Une question revient souvent : que va-t-il advenir après la souveraineté des centres de traitement fiscal de Shawinigan et de Jonquière ? Ma réponse : le Québec pourra conserver ces centres pour la gestion des prestations des pensionnés fédéraux de la fonction publique, de la GRC et de l'armée, ce qui devrait coûter au maximum 15 millions par année, une somme qui sera couverte par l'économie des frais d'administration de la TPS.

Pour ce qui est des transferts, si on soustrait la part reçue par le gouvernement du Québec (52 millions de dollars), il ne reste qu'un million de dollars, une somme largement couverte, là encore, par les économies liées à la TPS.

* * *

Au total, pour le portefeuille fédéral du Revenu, le Québec souverain n'aura aucune dépense à assumer.

Les avantages de la souveraineté, en plus des économies de 666 millions de dollars :
- Les Québécois et les entreprises n'auront plus qu'une seule déclaration d'impôt à remplir.
- La fiscalité québécoise correspondra à nos choix de société.
- Comme instrument de développement de l'économie, l'outil fiscal sera beaucoup plus performant.

5 Agriculture

L'agriculture, c'est vital pour toutes les nations. Nous demandons à nos agriculteurs de produire une nourriture à bon prix, d'aménager le territoire rural et de protéger l'environnement.

Il existe plusieurs modèles et le Québec est à cet égard assez unique en Amérique du Nord, lui qui mise principalement sur la gestion de l'offre et compte davantage de fermes à dimension humaine. Au contraire, le reste de l'Amérique du Nord a développé au cours des dernières décennies une agriculture plus intensive, à grande échelle et à vocation résolument industrielle.

Il ne fait aucun doute à mon sens que le modèle québécois a de réels mérites. L'avenir nous pousse dans la direction de la valeur ajoutée, du développement des terroirs, de la traçabilité et de la durabilité agricole. Le système de gestion de l'offre repose sur une barrière à l'importation, la fixation du prix et des quantités produites sur le marché canadien. Ce modèle a ses défauts, mais dans un monde où le transport des marchandises et les engrais seront de plus en plus coûteux (prix du pétrole oblige) et où l'exigence de sécurité et de qualité alimentaire sera de plus en plus forte, notre modèle a de beaux jours devant lui. L'une des illustrations les plus parlantes de cette tendance est l'émergence des fromages fins québécois.

Du côté canadien, il y a également une grande diversité, mais l'action gouvernementale fédérale est très axée sur la production des céréales et des oléagineux, concentrée dans les Prairies. L'obsession sanitaire est également nuisible ; elle a, par exemple, obligé le Québec à mener une offensive de plusieurs mois contre la bureaucratie fédérale pour sauver ses producteurs de fromages au lait cru.

En simplifiant, on pourrait dire que l'agriculture québécoise est en bonne partie tournée vers la demande intérieure et qu'elle ne nécessite pas de grandes subventions. L'agriculture canadienne est davantage tournée vers l'exportation et nécessite davantage de subventions.

C'est une situation très difficile pour le gouvernement fédéral dans les négociations internationales. D'un côté, le Canada bataille ferme pour ouvrir le commerce mondial en abattant les barrières que sont les subventions et les tarifs douaniers afin d'aider les exportateurs de l'Ouest et, de l'autre, il doit protéger la gestion de l'offre dont un des piliers est justement constitué par les tarifs douaniers.

Dans les négociations commerciales internationales, le Québec souverain aura autant de difficultés que le Canada à l'heure actuelle. En fait, tous les pays ou presque sont aux prises avec des dilemmes cornéliens lorsqu'il s'agit d'agriculture. Par contre, le Québec trouvera des avantages évidents : le contrôle des questions sanitaires et de sécurité alimentaire.

Chacun se souvient de la crise de la vache folle, et des troupeaux entiers qu'il a alors fallu abattre. Ce fut une véritable catastrophe pour bien des producteurs canadiens et québécois. Tout ça à cause d'un cas de bœuf malade dans l'Ouest. C'est ainsi que fonctionne le Canada agricole. Un cas de vache folle en Alberta a coûté des dizaines de millions aux contribuables et a ruiné de nombreux producteurs[1] parce qu'au Canada, il n'y a pas de régionalisation sanitaire. Voici ce qu'en disait mon ancien patron, Gilles Duceppe :

> Quand on a parlé de la question de la vache folle, je me suis fait répondre par l'ex-ministre de l'Agriculture et de l'Agroalimentaire : « Pas question de régionaliser. Au Canada, tout le monde est pareil, ce sont les mêmes règlements partout et cela va se passer de la même façon pour la vache folle. » Quand vous faites de la vache folle un symbole d'unité nationale, il y a un très grave problème. On en est rendu là. Il faut que toutes les petites boîtes soient égales, que l'Île-du-Prince-Édouard soit la même chose que le Québec[2].

C'est très différent aux États-Unis. Lorsque la grippe aviaire est apparue dans l'ouest du pays, la crise sanitaire a été circonscrite aux États touchés. Ce qui a fait dire au même Duceppe qu'aux États-Unis, « personne n'a eu peur que le coq de New York contamine la poule de Los

---

1. Seulement au Québec, les producteurs auraient perdu 241 millions à la suite de cette crise.
2. Intervention à la Chambre des communes, 3 février 2004.

Angeles! Alors, pourquoi s'inquiéter qu'un bœuf du Québec soit contaminé par une vache folle d'Alberta[3]?»

Tout ça pour dire qu'un Québec souverain pourra éviter la prochaine crise de la vache folle albertaine. Nous nous éviterons également le prochain épisode de folie sanitaire, quand des ministres canadiens élevés aux tranches de fromage Kraft tenteront encore une fois d'interdire à nos artisans de produire un délicieux fromage au lait cru.

L'autre avantage de la souveraineté en matière d'agriculture est financier, tout simplement. L'UPA estime que, bon an mal an, le Québec reçoit moins de 10 % des subventions fédérales en agriculture, du fait que la gestion de l'offre, très présente au Québec, ne nécessite aucune subvention. Le ministère fédéral de l'Agriculture et de l'agroalimentaire a versé des transferts de 1,755 milliard en 2010. Le Québec en a reçu 125 millions, soit une part de 7,1 %. Comme nous contribuons à la cagnotte à hauteur de 19,5 %, il y a déjà là une économie de 217 millions de dollars.

En outre, le ministère fédéral a son équivalent à Québec et toutes ses fonctions, ou presque, sont en chevauchement. Ses dépenses de fonctionnement s'élèvent à 802 millions de dollars et nous estimons la part du Québec en fonction de son poids économique, soit 19,5 %, à 156 millions de dollars. Nous estimons les économies consécutives à l'élimination des chevauchements à au moins 50 %, ce qui ramène les dépenses de fonctionnement qui seraient rapatriées par le Québec souverain à 78 millions de dollars.

Par ailleurs, les dépenses en biens et services de ce ministère au Québec sont rachitiques. Sur un total de 216 millions, le Québec ne bénéficie que de 8 millions, soit une part minuscule de 3,7 %. Nul ne doute que des 78 millions hérités par le Québec souverain, une part très substantielle retournera dans notre propre économie.

En tout, pour les dépenses de fonctionnement, celles en biens et services et les subventions, le Québec souverain assumerait une part de 203 millions.

---

3. Discours prononcé à Plattsburgh à l'automne 2004.

Organismes

La Commission canadienne du lait, chargée d'administrer la gestion de l'offre des produits laitiers, a dépensé 4 millions de dollars en 2010. Le Québec souverain pourra s'entendre avec le Canada pour maintenir cet organisme ou à défaut, en créer un qui serait spécifiquement québécois. Dans l'incertitude, nous prévoyons ce dernier cas de figure et estimons que le Québec souverain assumera l'intégralité de ces dépenses de 4 millions.

L'Agence d'inspection des aliments, qui a dépensé 718 millions en 2010, joue un rôle important pour assurer l'innocuité des aliments et la santé des animaux et des végétaux destinés à l'alimentation. Elle peut cependant s'avérer très nuisible pour le Québec comme on l'a vu avec le cas du lait cru et de la crise de la vache folle. En outre, contrairement au Canada, le Québec a maintes fois manifesté sa volonté d'améliorer l'étiquetage des aliments, de mettre en place un système complet de traçabilité, de créer des appellations du terroir et de mettre de l'ordre dans les appellations bio. La souveraineté permettra au Québec d'aller de l'avant sans entrave fédérale. L'agence fédérale actuelle remplit des fonctions qui recoupent plusieurs de celles qu'assume le gouvernement du Québec, mais dans une proportion moins importante que pour des ministères comme celui du Revenu. Le Québec souverain pourra qui plus est utiliser ses nouvelles capacités pour mettre en œuvre sa volonté d'assurer la traçabilité des aliments et les appellations du terroir. Nous proposons donc que le Québec souverain assume 15 % des dépenses de l'Agence d'inspection des aliments, soit une somme de 108 millions de dollars.

La Commission canadienne des grains, qui est surtout axée sur les grandes productions céréalières des Prairies, a dépensé 35 millions en 2010, entièrement en frais de fonctionnement. Le Québec souverain pourra confier les responsabilités de cette commission à son ministère de l'Agriculture en finançant le tout à même les budgets déjà alloués.

* * *

Au total, pour le portefeuille d'Agriculture et agroalimentaire Canada, le Québec souverain devra assumer des dépenses de 329 millions de dollars, ce qui correspond à 9,8 % du total canadien en 2010.

Les avantages de la souveraineté, en plus d'économiser 161 millions de dollars :

- Une politique agricole fidèle au modèle de développement du Québec.
- Le plein contrôle de la gestion de la salubrité, de la traçabilité et de l'étiquetage des aliments.
- Une représentation des intérêts véritables du Québec au sein des forums de négociations commerciales internationales.

6 Anciens combattants

Nous avons la responsabilité morale de prendre soin de nos anciens combattants. Certes, les hommes et les femmes qui vont aujourd'hui combattre en notre nom ont choisi de servir dans l'armée. Personne ne les a obligés. Il n'en reste pas moins que si nous acceptons que les accidentés du travail soient indemnisés lorsqu'ils se blessent, ou leur famille quand ils en meurent, on ne peut faire moins pour nos soldats et leurs familles.

Ce qui est regrettable, c'est que nous sommes si peu au courant des séquelles des conflits armés et de leurs coûts sociaux et financiers. Personnellement, je déteste les campagnes publicitaires pour recruter des jeunes tout juste sortis de l'enfance en montrant l'armée sous un beau jour, comme un film d'action ou un jeu vidéo.

Ces campagnes devraient à tout le moins être contrebalancées par des conférences d'anciens combattants dans les classes de secondaire 5. Voir de ses propres yeux un jeune homme de 26 ans amputé d'une jambe ou entendre les récits d'horreur d'un autre qui a vu sa vie bouleversée par le syndrome du stress post-traumatique ou par l'exposition à l'uranium appauvri, ça donnerait à réfléchir à nos jeunes.

La seule personne qui décide de la participation du Canada à une guerre, c'est le premier ministre du Canada. Dans le cas actuel : Stephen Harper. Et son principal opposant en 2010, le chef de l'Opposition officielle à Ottawa, c'était Michael Ignatieff. Quand je pense que ces deux hommes étaient en faveur de la participation du Canada à la guerre en Irak, j'en ai des frissons.

Je ne sais pas si les Québécois réalisent que Stephen Harper a le pouvoir d'envoyer nos enfants à la guerre, n'importe quelle guerre. Il y a là une raison suffisante de vouloir faire du Québec un pays. Une nation comme la nôtre devrait pouvoir prendre elle-même une décision aussi grave.

Et les guerres coûtent cher. En plus des dépenses engagées pour les opérations militaires proprement dites, les séquelles physiques et psychologiques infligées aux anciens combattants sont innombrables et elles durent longtemps, très longtemps.

Le ministère qui est responsable de leur bien-être et de leurs pensions a dépensé 3,4 milliards en 2010, dont une somme de 971 millions en frais de fonctionnement. Depuis le début des opérations en Afghanistan, les dépenses du ministère des Anciens combattants ont augmenté de plus d'un milliard de dollars, soit une hausse de 52 %[1].

Pour évaluer la part des dépenses de fonctionnement que devra assumer le Québec souverain, j'ai d'abord recensé celles en biens et services sur notre territoire, lesquelles s'élèvent à seulement 8 millions sur un total de 216 millions pour l'ensemble canadien, une maigre portion de 3,7 %.

La part québécoise des dépenses de transferts de 2,433 milliards est beaucoup plus difficile à estimer, puisque la grande majorité de celles-ci sont inférieures à 100 000 $; le destinataire n'apparaît donc pas.

Pour estimer la part du Québec souverain de ces dépenses, j'ai donc eu recours aux estimations de Bélanger-Campeau et de l'étude Legault, qui établissaient la part du Québec des dépenses de ce ministère à 13,7 % et 12,9 % respectivement. En considérant les besoins croissants des anciens combattants d'Afghanistan, dont plusieurs souffrent du syndrome de stress post-traumatique, le Québec devra assumer un fardeau plus élevé, que j'ai fixé à 15 % du total actuel, soit un montant de 364 millions de dollars.

J'ai appliqué le même ratio aux dépenses de fonctionnement, ce qui donne un montant de 145 millions. Au total, le Québec souverain devra assumer des dépenses de 509 millions de dollars. Mince consolation : la majorité de ces dépenses seront effectuées au Québec, ce qui n'est pas le cas actuellement.

* * *

Voilà ce que ça nous coûterait. Les avantages de la souveraineté se résument essentiellement à des économies de 154 millions de dollars.

---

1. Depuis l'année financière 2001-2002.

7 Citoyenneté et Immigration

« Ils sont moi aidés pas. »

Éloquent, non ? Ce sabir incompréhensible est pourtant une traduction (sûrement coûteuse) offerte par la très officielle Commission de l'immigration et du statut de réfugié, la CISR. Dans une lettre publiée dans *La Presse* du 18 novembre 2010, l'avocat Stéphane Handfield, spécialiste du droit de l'immigration, lançait un cri du cœur :

> Depuis quelques années, il devient de plus en plus difficile d'obtenir des services en français devant la CISR. En voici quelques exemples : refus d'obtenir une audience en français, refus de transmettre la documentation en français, commissaires (décideurs) unilingues anglais, communications en anglais, impossibilité d'obtenir les services d'interprète en français [...]. Pas étonnant que plusieurs nouveaux arrivants préfèrent adhérer à la culture anglo-saxonne plutôt qu'à la culture francophone. Ils constatent dès leur arrivée que c'est en anglais que ça se passe au Québec.

Tout cela se passe chez nous, en 2010. Et pour ceux qui seraient étonnés d'apprendre qu'un organisme gouvernemental fonctionne principalement en anglais au Québec, sachez que la loi 101 ne s'applique pas aux organismes fédéraux. C'est aussi ça, l'impasse constitutionnelle.

Autrefois, les habitants de la Nouvelle-France se nommaient Canadiens. Une fois que les conquérants se mirent à s'appeler eux-mêmes Canadiens, nous nous sommes distingués en nous nommant Canadiens français, puis finalement Québécois.

En nous donnant un pays, nous nous ferons le magnifique cadeau d'une citoyenneté québécoise. Nous continuerons d'accueillir des gens de partout dans le monde qui pourront eux aussi devenir des Québécois. Ils pourront alors dire : « Ils m'ont aidé. »

Pour le moment, les immigrants ne s'installent pas dans un pays québécois, ils s'installent au Canada et savent très bien qui est le « boss ». Comment leur donner tort ? Quel palier de gouvernement contrôle la citoyenneté, le passeport, l'armée ?

Et qu'est-ce qu'il dit, le boss fédéral? Que le Canada est un pays bilingue (il le dit principalement en anglais), que l'idéologie dominante, c'est le multiculturalisme et qu'il n'est pas nécessaire de s'intégrer à la majorité. Tout cela est même inscrit dans la Constitution.

Comme l'écrivait avec beaucoup de justesse Julius Grey: « Seule enclave francophone en Amérique, le Québec ne peut en aucun cas adopter le multiculturalisme comme idéologie[1]. »

La Constitution canadienne, on nous l'a imposée de force. Rien ne pourra jamais changer ça, sauf la souveraineté du Québec. Alors, les immigrants sauront qu'ils choisissent un pays francophone et qu'ils sont invités très fraternellement à construire comme Québécois à part entière le plus neuf des pays du Nouveau Monde.

Le ministère de la Citoyenneté et de l'Immigration a dépensé 1,6 milliard de dollars en 2010, dont 638 millions en frais de fonctionnement. J'ai recensé des dépenses en biens et services de 216 millions de dollars, dont seulement 8 millions ont été dépensés sur le territoire québécois.

Il faut préciser que le Québec a conclu un accord avec le gouvernement fédéral sur l'immigration, et qu'il assume lui-même la grande majorité des fonctions du ministère de la Citoyenneté et de l'Immigration, à partir d'une enveloppe de 232 millions déjà comptabilisée dans les dépenses du gouvernement du Québec.

De tous les autres programmes de transferts de ce ministère, le Québec reçoit moins de 1 %, pour un total de 9 millions de dollars.

Pour ce qui est des dépenses de fonctionnement, la part du Québec est très réduite, puisque beaucoup des fonctions sont déjà assumées par le gouvernement du Québec. C'est ainsi que nous estimons la part du Québec des dépenses de fonctionnement de ce ministère à 5 % tout au plus, soit un montant de 32 millions de dollars.

À tout cela s'ajoute la Commission de l'immigration et du statut de réfugié, chargée d'accepter ou de refuser les demandes. En 2010, elle a coûté 114 millions de dollars. Pour calculer la part du Québec, nous avons utilisé le ratio de réfugiés accueillis par le Québec en regard du

---

1. *Le Journal de Montréal*, 24 septembre 2007.

total canadien, soit 21,2 %, ce qui donne un montant de 24 millions de dollars.

* * *

Au total, pour le portefeuille de la Citoyenneté et de l'Immigration, le Québec souverain assumera des dépenses de 65 millions de dollars, ce qui correspond à 3,8 % du total canadien en 2010.

Les avantages de la souveraineté, en plus des économies de 33 millions de dollars :
- La nation québécoise sera enfin chez elle.
- Le Québec sera un pays francophone.
- Le Québec sera en mesure d'établir son propre modèle de citoyenneté, fondé sur ses valeurs et ses intérêts.

8 Le Conseil du trésor

En 1995, Lucienne Robillard était nommée à la présidence du Conseil du trésor, appelée à la rescousse par Jean Chrétien pour l'aider à faire face à Lucien Bouchard. C'était Lucienne contre Lucien.

Le rôle officiel de ce ministère est d'assurer que «le gouvernement soit bien géré et responsable et que des ressources soient attribuées pour atteindre des résultats[1]». Mais lesquels? Si l'objectif était de mobiliser au mépris des lois la machine fédérale contre le camp du OUI, Lucienne Robillard a rempli le mandat avec brio[2].

Le Conseil du trésor a coordonné les opérations de l'appareil fédéral dans le cadre de ce référendum. On n'a pas hésité à briser toutes les règles pour créer et financer Option Canada, un instrument entièrement au service du camp du NON[3]. On a fait en sorte que, sur le territoire québécois, les juges de citoyenneté nommés par le gouvernement libéral puissent fabriquer des nouveaux citoyens canadiens à la chaîne. On s'est assuré que des non-résidents sachent qu'ils pouvaient s'inscrire pour aller voter *non* au référendum, une autre contravention à la loi. Enfin, le Conseil du trésor a briefé très soigneusement les fonctionnaires fédéraux afin qu'ils n'aillent pas s'imaginer faire leur devoir en demeurant neutres. Il n'était pas question de neutralité dans cette affaire. Après tout, comme le disait Jean Pelletier, le Canada était en guerre...

---

1. Descriptif de ce ministère dans les Comptes publics du Canada.
2. Les informations qui suivent sont principalement tirées de documents obtenus par le Bloc Québécois en vertu de la Loi sur l'accès à l'information.
3. Option Canada est issu du Conseil pour l'unité canadienne. L'organisme a reçu 11 millions de dollars de Patrimoine canadien et a dépensé cet argent au Québec au cours de la campagne référendaire. Le directeur général des élections du Québec et le vérificateur général du Canada ont ouvert une enquête en 1997. À la suite de révélations contenues dans *Les secrets d'Option Canada* (Les intouchables, 2006), de Robin Philpot et Normand Lester, nous avons eu la confirmation que cet argent avait été dépensé en contrevenant à la loi québécoise.

Les Québécois ne devraient jamais oublier qu'ils ont payé de leur poche pour financer ces pratiques indignes.

Le Secrétariat du Conseil du trésor est un organisme méconnu. Une grande partie de son travail consiste à vérifier les dépenses et à fixer les normes en matière de ressources humaines et donc de négociations avec les employés de la fonction publique.

Ce portefeuille est un très bon exemple de chevauchement entre les gouvernements fédéral et québécois. En 2010, le portefeuille du Conseil du trésor a dépensé 2,5 milliards de dollars, les frais de fonctionnement comptant pour la presque totalité de ces débours (2,487 milliards).

Le Secrétariat, c'est l'équivalent d'un ministère. Il a dépensé 2,3 milliards de dollars en 2010. La plus grosse part de ce montant (2,064 milliards) est consacrée aux « Fonds pangouvernementaux et paiements en tant qu'employeur de la fonction publique ». En clair, il s'agit de la « petite caisse » – 2 milliards, quand même ! – du gouvernement. Dans les Comptes publics, on décrit la chose ainsi : « Des fonds sont conservés centralement afin de combler d'autres crédits, et des paiements et recouvrements sont effectués de manière efficace au nom des autres ministères et organismes. »

Pour évaluer la part du Québec dans cette petite caisse, j'ai appliqué sa part dans l'ensemble des dépenses ministérielles, soit 227 millions (11 % du total).

Pour le reste des dépenses de fonctionnement du Secrétariat, il y a un chevauchement important, qui permettra au Québec souverain de faire des économies très substantielles. En fait, nous pourrions pratiquement éliminer toutes ces dépenses tellement le chevauchement administratif semble systématique.

Mais considérant le travail important qu'il y aura à accomplir au moment de la transition pour intégrer tous les fonctionnaires fédéraux au sein de l'appareil québécois, nous retiendrons un ratio de 5 % du total, soit une somme de 14 millions de dollars.

Organismes

L'École de la fonction publique, qui a en l'ÉNAP un équivalent au Québec, a dépensé 138 millions de dollars. Nous pourrions évidemment écarter toutes ces dépenses, mais étant donné que le Québec souverain sera appelé à assumer de nouvelles fonctions, comme la politique étrangère et la défense, il nous apparaît plus judicieux d'en assumer une partie – 5 % – pour élargir l'offre québécoise. Cela implique des dépenses de 7 millions de dollars.

La Commission au lobbying et la Commission à l'intégrité de la fonction publique ont dépensé 6 millions de dollars en 2010. Évidemment, ces temps-ci, la demande en matière d'intégrité est forte, mais nous avons déjà de tels organismes et le Québec souverain n'aura pas à assumer de nouvelles dépenses en ce domaine.

* * *

Au total, pour le portefeuille du Conseil du trésor, le Québec souverain aura à assumer des dépenses de 248 millions de dollars.

L'avantage de la souveraineté, en plus des économies de 237 millions de dollars :
• Une grosse bureaucratie de moins dans le paysage.

9 Le Conseil privé

On dit souvent que les premiers ministres canadiens figurent parmi les chefs de gouvernement qui, en Occident, concentrent le plus de pouvoir entre leurs mains. Cela s'explique par le fait que, le plus souvent, le gouvernement fédéral est majoritaire en Chambre, ce qui lui donne le contrôle des pouvoirs exécutif et législatif. Par ailleurs, au fil du temps, le Bureau du premier ministre a concentré toujours plus de pouvoirs en son sein.

En comparaison, le président américain ne contrôle que l'exécutif, le Congrès demeurant indépendant. En France, le président doit partager le pouvoir exécutif avec un premier ministre qui peut même en situation de cohabitation être issu des rangs politiques adverses.

C'est ainsi que le Québec se trouve aujourd'hui à la merci d'un Stephen Harper qui n'a pourtant récolté que 16,5 % des votes québécois lors des dernières élections. Si au moins certains de ses ministres étaient assez solides pour lui tenir tête... mais non. Cet homme domine complètement son parti et son Cabinet.

Le Bureau du Conseil privé, qui a dépensé 159 millions en 2010, est en quelque sorte le ministère du premier ministre du Canada. S'il y a une guerre, c'est au sein de cette puissante officine qu'est établi le *War room*. En 1996, Jean Chrétien a lancé une offensive post-référendaire contre le nationalisme québécois et c'est le Conseil privé qui a coordonné l'ensemble de l'effort gouvernemental. C'est aussi dans ce «ministère» que loge le Bureau du premier ministre, le PMO (Prime Minister's Office), comme on dit à Ottawa. Finalement, c'est le Conseil privé qui coordonne les activités du Cabinet des ministres.

Son équivalent au Québec est le Conseil exécutif. Le Québec souverain n'aura donc pas besoin de créer un nouvel organisme, puisque ces deux entités se chevauchent presque parfaitement. Toutefois, les charges accrues du premier ministre d'un pays souverain, notamment à l'international, rendent souhaitable de gonfler légèrement le budget de son ministère. Nous estimons que 16 millions de dollars, soit 10 % du total canadien, suffiront amplement.

Du Secrétariat des conférences intergouvernementales canadiennes, le Québec souverain n'aura évidemment pas besoin, et il pourra en plus abolir son propre Secrétariat aux Affaires intergouvernementales canadiennes et attribuer les fonds épargnés aux Affaires étrangères. Il nous faudra en effet transformer en ambassade notre Bureau du Québec à Ottawa.

Le Québec devra aussi se doter d'un équivalent du Bureau canadien d'enquête sur les accidents de transport et de la sécurité des transports et nous en évaluons les coûts en fonction de notre part économique – 19,5 % – dans l'ensemble canadien, ce qui donne un montant de 6 millions de dollars.

Le Directeur général des élections du Canada (DGE) a dépensé 138 millions en 2010. C'est beaucoup moins que dans les années électorales. En 2008, le DGE a ainsi dépensé 355 millions à cause des élections générales, ce qui a coûté 69 millions de dollars aux Québécois.

En 2010, le DGE a versé des transferts de 27 millions de dollars, essentiellement aux partis politiques enregistrés, en vertu de la loi électorale. Comme les partis fédéraux n'existeront plus dans un Québec souverain, il n'aura pas à assumer ces dépenses. Pour le reste des fonctions de cet organisme, nous avons le Directeur général des élections du Québec – et nous pourrons donc épargner des dizaines de millions, le montant variant d'une année à l'autre selon que des élections fédérales ont lieu.

Le Québec n'aura pas besoin d'un Commissariat aux langues officielles, une officine qui a dépensé 21 millions de dollars en 2010.

Enfin, le Québec souverain devra créer un organisme similaire au Comité de surveillance des activités de renseignement de sécurité, ce qui coûtera environ 2 millions de dollars.

* * *

Au total, donc, pour les fonctions liées au BPM, à la sécurité dans les transports et au comité de surveillance, le Québec souverain aura à assumer des dépenses de 24 millions de dollars pour reproduire les fonctions du Conseil privé qui lui seront utiles.

L'avantage de la souveraineté, en plus des économies de 46 millions de dollars :
- Ne plus jamais voir un premier ministre du Canada promulguer la loi sur les mesures de guerre au Québec, lui imposer une Constitution ou engager ses citoyens dans une guerre dont ils ne veulent pas.

10 Défense

Lorsque j'étais encore employé par le Bloc Québécois, son service de recherche avait entrepris d'évaluer les dépenses du ministère de la Défense pour les vingt années à venir. La pertinence d'une telle évaluation tenait au fait que Stephen Harper s'était lancé dans une vaste opération de magasinage pour acheter des navires de guerre, des avions de chasse et de transport et un nombre important de chars d'assaut. La note : 500 milliards de dollars.

Selon nos calculs, la part qui sera payée par les Québécois, s'ils ont le malheur de demeurer au sein du Canada : 97 milliards, soit plus de 12 000 dollars par personne ; 48 000 dollars pour une famille de quatre ! Évidemment, d'ici 20 ans, les choses pourraient changer pour le mieux... Ou pour le pire !

En 2010, le budget du portefeuille de la Défense a atteint 19,868 milliards de dollars, dont 1,762 milliard en matériel de transport et 616 millions en munitions et armes de guerre. La tendance à long terme est nettement à la hausse : le budget de ce ministère a augmenté de 72 % dans les dix dernières années.

Évidemment, cela s'explique en partie par l'intervention en Afghanistan. Mais comment expliquer cette frénésie d'achats militaires alors que le Canada est censé quitter l'Afghanistan ? Préparons-nous une autre guerre ? Et à quel type d'intervention ces équipements sont-ils destinés ? Impossible de le savoir, le gouvernement fédéral n'ayant pas publié d'énoncé de politique étrangère depuis très longtemps.

On dira que de toute façon, ces investissements auront d'importantes retombées économiques pour le Québec, en particulier dans le domaine de l'aéronautique. Mais au moment où j'écris ces lignes, le Québec ne reçoit même pas sa juste part dans ce domaine[1]. Et nous

---

1. « Retombées économiques militaires – Le Québec n'obtient pas sa juste part », *Le Devoir*, 14 janvier 2011.

savons déjà que des contrats de 33 milliards pour les nouveaux navires, le Québec n'obtiendra rien, alors qu'il nous en coûtera au moins 7 milliards, sans compter les intérêts.

Sur des dépenses en biens et services qui totalisent 3 milliards de dollars, le Québec ne reçoit qu'à peine plus de 10 %, soit une somme de 307 millions.

Du total des dépenses de 19,86 milliards du ministère, 13,9 milliards de dollars sont consacrés au maintien des forces armées, ce qui comprend les achats de matériel militaire, qui, comme nous l'avons vu, ont beaucoup augmenté depuis quelques années. Un autre 3,9 milliards est consacré aux opérations et 1 milliard encore aux responsabilités internationales du Canada. Finalement, 1 milliard de dollars est dédié à la seule bureaucratie.

Selon Statistique Canada, 18,9 % de la rémunération totale du personnel militaire est versée au Québec, bien que les installations de l'armée sur notre territoire ne comptent que pour environ 15 % du total.

Un Québec souverain devra assumer la défense de son territoire et il sera donc bien avisé de conserver les installations actuelles en l'état, y compris la base aérienne de Bagotville. Il n'aura pas besoin d'une véritable marine nationale, mais devra élargir la flotte de la Garde côtière actuellement affectée à son territoire s'il veut être en mesure d'assumer le contrôle de ses eaux territoriales. Le nouvel État pourra en profiter pour donner de l'ouvrage à ses chantiers maritimes et ouvrir une base secondaire de la Garde côtière à Gaspé, ce qui provoquera un véritable boom dans cette ville et dans la région.

Au total, nous estimons la part du Québec souverain à 16 % du total des dépenses fédérales actuellement consacrées au maintien de l'armée, soit une somme de 2,2 milliards de dollars.

Quant aux opérations militaires et internationales, notons qu'un Québec souverain aurait quitté l'Afghanistan depuis 2008 au moins, si on se fie au vote des députés fédéraux du Québec à ce sujet. Par contre, le Québec aurait participé à la mission des Nations unies en Haïti et y serait sans doute demeuré plus longtemps que le Canada, qui a refusé d'accéder aux demandes de l'ONU à cet effet.

Nous considérons donc que le Québec souverain aurait eu à assumer au maximum 10 % de ces dépenses d'opération, pour un montant de 490 millions de dollars.

Le reste des dépenses du ministère est consacré à l'administration. Nous croyons que le Québec souverain devrait en assumer la même proportion de 16 % que pour le maintien de l'armée, ce qui donne un montant de 167 millions de dollars.

Le portefeuille de la Défense comporte trois autres organismes qui dépensent ensemble une somme de 12 millions de dollars. Il s'agit du Comité des griefs des Forces canadiennes ; de la Commission d'examen des plaintes concernant la police militaire ; et du Bureau du commissaire du Centre de la sécurité des télécommunications (CSTC)[2]. Le Québec souverain aura besoin d'organismes similaires et nous appliquons donc encore ici le ratio de 16 %, ce qui donne un montant de 2 millions de dollars.

* * *

Au total, donc, le Québec souverain aura à assumer des dépenses de 2,857 milliards de dollars au titre de la Défense.

Les avantages de la souveraineté, en plus d'économies totalisant plus d'un milliard de dollars :
- Le Québec pourra consacrer ses ressources à d'autres priorités que l'achat compulsif de matériel militaire.
- Le Québec pourra choisir dans quel contexte son armée interviendra à l'étranger, en l'envoyant par exemple en Haïti plutôt qu'en Afghanistan.

---

2. Les opérations d'écoute électronique de cette organisation sont ultrasecrètes. Il s'agit d'intercepter les télécommunications à l'étranger. La loi interdit au CSTC d'intercepter des communications à l'intérieur du Canada, mais le système canadien est intégré à ceux des pays alliés de l'aire américano-britannique au sein du système Echelon. Ainsi, l'Australie peut très légalement intercepter des communications au Canada et partager ses découvertes avec le gouvernement fédéral. Il n'est pas certain que le Québec souverain serait invité à participer à ce système. Quant au budget du CSTC, impossible de le retrouver dans les Comptes publics...

- Les dépenses de l'armée québécoise seront principalement effectuées chez nous, en fonction de nos propres intérêts économiques.
- Le gouvernement d'un Québec souverain ne pourra jamais refuser à des sinistrés du Richelieu l'aide de l'armée sans encourir les foudres de ses électeurs.

11 Environnement

« Aucun ministre de l'Environnement n'aurait pu
bloquer le développement des sables bitumineux[1]. »

STÉPHANE DION

Selon les Comptes publics, la mission d'Environnement Canada consiste à veiller à ce que « le capital naturel du Canada soit restauré, conservé et amélioré ». Il suffit de voir une seule photo des zones d'exploitation des sables bitumineux pour constater le désastre environnemental à grande échelle que cause cette industrie et pour comprendre que ce ministère est impuissant[2].

Un ami qui a travaillé pour Environnement Canada au milieu des années 2000 m'a appris qu'avant de rendre public un rapport, il devait en référer au ministère des Ressources naturelles. Cela en dit long sur les priorités du gouvernement libéral d'alors.

Avec les conservateurs, les choses ont changé. C'est pire. Non seulement Environnement Canada est structurellement incapable de remplir son mandat, mais le gouvernement Harper a poussé cette logique un cran plus loin en lui interdisant de financer la recherche scientifique sur les changements climatiques.

La grande majorité des citoyens, qu'ils soient du Québec ou d'ailleurs, désirent que leur environnement soit préservé. L'eau, l'air, le sol, nous voulons que ce qui nous entoure soit le plus sain et le plus beau possible. Mais en plus de cette préoccupation environnementale partagée par tous les êtres humains, le Québec a un intérêt stratégique évident à lutter contre les changements climatiques. Les émissions de gaz à effet de serre sont principalement causées par la production et la

---

1. Dans le reportage de Guy Gendron, « Du sable dans l'engrenage », diffusé par Radio-Canada, le 17 janvier 2007.
2. Voir, par exemple, le reportage photo d'Alain Gravel « L'Alberta saoudite » dans Cyberpresse : < http://multimedia.cyberpresse.ca/sables/index.html >.

combustion des énergies fossiles : charbon, pétrole et gaz naturel. Or, il se trouve que le Québec ne produit presque pas d'énergie fossile. Ceux qui le font, comme l'Alberta ou Terre-Neuve, s'enrichissent grâce au gaz ou au pétrole. Pas nous.

Bien au contraire, nous nous endettons en consommant du pétrole et du gaz venu d'ailleurs. Pour chaque baril de pétrole que nous importons, environ 100 dollars quittent le Québec. En 2008, nous avons importé plus de 155 millions de barils à un prix moyen de 108 dollars l'unité. Ce seul fait a pesé lourd dans l'explosion de notre déficit commercial, qui a atteint 17,6 milliards de dollars, soit près de 6 % du PIB[3].

Chaque Québécois envoie ainsi l'équivalent de 2 200 dollars à l'étranger, ce qui permet aux pays qui nous vendent du pétrole d'investir dans leur économie. Le pétrole nous appauvrit.

C'est le contraire pour le Canada, dont les exportations nettes de pétrole ont atteint près de 52 milliards de dollars en 2008. Cela signifie que les Canadiens hors Québec ont reçu de l'étranger 1977 dollars par personne. Dans son affirmation lapidaire, ce que Stéphane Dion disait vraiment, c'est que le Canada s'enrichit tellement avec le pétrole que rien ne peut arrêter cette industrie.

C'est la raison pour laquelle le Canada est devenu un État pétrolier et que dans les grandes négociations internationales sur la lutte contre le changement climatique, ce pays dans lequel nous sommes englués comme un canard dans une nappe de pétrole défend les mêmes positions que l'Arabie saoudite.

Les intérêts stratégiques et économiques du Québec sont exactement contraires à ceux du Canada dans ce domaine. Ils nous commandent de réduire au maximum notre consommation de pétrole, alors que les politiques du Canada vont toutes dans le sens contraire. Dans les prochaines années, le cours du pétrole est appelé à augmenter encore, certains analystes prédisant un baril à 250 dollars. Un tel scénario garantit la ruine économique du Québec.

Dans un Québec souverain, il va sans dire que nos politiques viseront

---

3. Et il ne s'agit ici que des importations internationales. À cela, il faut ajouter les importations en provenance de Terre-Neuve (pétrole) et de l'Alberta (gaz naturel).

à réduire au maximum notre consommation de pétrole importé, ce qui va nous enrichir.

Le portefeuille ministériel de l'environnement et des parcs a engrangé des dépenses de 1,9 milliard de dollars en 2010, dont 1,7 milliard pour les seuls frais de fonctionnement.

Les transferts s'élèvent à 145 millions, dont seulement 10,3 % pour le Québec, soit 15 millions. Quant aux dépenses en biens et services de 323 millions, la part du Québec représente à peine 11 %, soit un montant de 36 millions de dollars.

Le ministère de l'Environnement a dépensé 1,095 milliard de dollars. Les programmes sont très éparpillés et il est difficile de les évaluer. Le programme Eaux douces ne concerne pas le Québec, ni celui du projet gazier Mackenzie.

Ce ministère comporte des fonctions qui chevauchent celles du ministère québécois, ce qui devrait générer des économies substantielles, alors que d'autres, comme les services météorologiques, sont absents au gouvernement du Québec.

Considérant le fait que le Québec ne reçoit que 10,3 % des transferts et 11 % des dépenses en biens et services, et que l'élimination des chevauchements permettra des économies importantes, nous évaluons que le Québec souverain devra assumer environ 7 % des dépenses de fonctionnement de 917 millions du ministère, soit une somme de 64 millions de dollars.

Organismes

L'Agence canadienne d'évaluation environnementale, qui a dépensé la somme de 30 millions, remplit des fonctions équivalentes à celles du gouvernement du Québec. Le Québec souverain pourra néanmoins rapatrier une certaine expertise et nous estimons donc la part du Québec à un maximum de 5 %, soit un montant de 2 millions de dollars.

La Table ronde sur l'environnement et l'économie a dépensé 5 millions de dollars en 2010. Le Québec souverain n'aura pas besoin de ce type d'organisme, ayant déjà des mécanismes de consultation.

Parcs Canada a dépensé 778 millions de dollars, dont 746 millions en frais de fonctionnement. Des 42 parcs *nationaux* du Canada, quatre se trouvent au Québec, soit moins de 10 %. Nous utiliserons donc ce ratio pour estimer la part du Québec, soit un montant de 78 millions de dollars. Je souligne au passage que des 26 millions de dépenses d'acquisition effectuées par Parcs Canada en 2010, le Québec n'en a pas vu la couleur.

* * *

Au total, donc, le Québec souverain aura à assumer des dépenses de 172 millions de dollars au titre de l'Environnement et des parcs.

Les avantages de la souveraineté, en plus des économies de 200 millions de dollars :
- Le Québec pourra se défaire d'une politique de déni systématique des problèmes environnementaux.
- Le Québec pourra rejoindre les pays qui luttent activement contre les changements climatiques.
- Le Québec pourra éviter la ruine économique en adoptant des politiques qui permettront de réduire notre dépendance au pétrole importé.

12 Le ministère des Finances

Le ministère des Finances est le grand ordonnateur des dépenses colossales d'Ottawa : 274 milliards de dollars en 2010. Son chef, le torontois Jim Flaherty, n'est pas un grand ami du Québec. Son adjoint politique, le ministre d'État aux Finances Ted Menzies, vient, lui, de l'Alberta et son indifférence à l'endroit du Québec est tout aussi manifeste. Michael Horgan complète ce puissant triumvirat. Pour ceux qui espéreraient trouver en lui un allié du Québec, c'est raté. En 1996, le premier fonctionnaire des Finances était sous-secrétaire du Cabinet, avec pour mission de travailler à « l'élaboration des mesures stratégiques fédérales à la suite du référendum de 1995 au Québec[1] ». Et quelles étaient ces politiques fédérales post-référendaires ? Commandites, renvoi à la Cour suprême, loi sur la clarté, étranglement fiscal.

Les crises servent souvent de révélateur. Comme je l'ai montré au début de ce livre, la crise économique de 2008 a révélé le Canada tel qu'il était. Certains Québécois ont cru, le temps de quelques saisons, à la sincérité de Stephen Harper qui promettait de respecter le Québec, d'éliminer le déséquilibre fiscal et de limiter le pouvoir fédéral de dépenser[2]. Cette aura de nouveauté, ces lendemains qui allaient forcément chanter ont culminé au moment où la Chambre des communes reconnaissait la nation québécoise. Symboliquement, bien sûr.

Dans le budget de 2007, triomphant, Stephen Harper annonçait qu'il avait éliminé le déséquilibre fiscal. Il en était loin, puisqu'il n'avait pas transféré un seul cent de nouvelle capacité fiscale au Québec, ni le moindrement modéré le pouvoir fédéral de dépenser.

---

1. Extrait de sa biographie en ligne sur le site de Finances Canada.
2. Ce « pouvoir », qui a toujours été contesté par le Québec, c'est celui que s'est donné le gouvernement fédéral de dépenser dans tous les domaines, y compris dans le champ d'exercice des pouvoirs exclusifs du Québec précisés dans la Constitution. C'est ainsi que de nos jours, il n'y a plus un seul domaine exempt des intrusions fédérales.

Toutefois, le gouvernement conservateur augmentait substantiellement les transferts et corrigeait certaines distorsions du programme de péréquation, ce qui rapporta une somme supplémentaire de 2,6 milliards au Québec. Nous étions alors en pleine campagne électorale au Québec et Jean Charest, qui était aux abois, profita de l'occasion pour promettre une baisse d'impôt à même ces transferts, ce qui a anéanti d'un seul coup toute la crédibilité du Québec sur la question du déséquilibre fiscal.

Et comme le gouvernement Harper n'avait cédé aucune nouvelle capacité fiscale au Québec, ce qu'il avait donné d'une main, il pouvait le reprendre de l'autre pour le donner à d'autres. C'est exactement ce qu'a fait le petit potentat torontois qu'est Jim Flaherty.

Dans le budget de 2009-2010, les transferts aux provinces ont augmenté de 10,475 milliards de dollars et de cette somme, le Québec n'a reçu que 302 millions. C'est dire que le reste du Canada a reçu, cette année-là, 33 fois plus que le Québec.

Pour en arriver là, il a fallu tripatouiller les chiffres. La lecture de la section VI des Comptes publics sur les transferts est instructive. Cela commence avec une contribution de 5 millions au Harbourfront Centre à Toronto. Suit un autre chèque de 108 millions à «l'Initiative de revitalisation du secteur riverain de Toronto». Qu'est-ce que ces subventions fédérales font dans le portefeuille des Finances? Bonne question. La seule réponse possible: c'est le fief du ministre lui-même.

En fait, le gouvernement fédéral aura donné en tout 500 millions sur plusieurs années à Toronto pour ce projet, même s'il n'entrait dans aucun programme et qu'il a été mis en œuvre sans aucune participation du privé. Pour Toronto, pas de programme, pas de privé, pas de problème. Je suis convaincu que la Ville de Québec aurait beaucoup apprécié le fait de recevoir une somme de 113 millions pour, par exemple, construire un amphithéâtre multifonctionnel…

Plus loin dans les Comptes publics, il y a une ligne qui fait état d'un transfert à la province de l'Ontario. Un gros chèque de 489 millions de dollars pour un «paiement à l'Ontario pour le Transfert canadien en matière de santé». Et pourquoi donc? Tout simplement parce que le puissant ministre ontarien a décidé de revenir sur sa parole et d'aider sa province en triturant la formule de financement pour la santé. Et l'année

suivante, rebelote : un nouveau cadeau de 261 millions. Et en passant :
par ricochet, ce petit jeu comptable privera le Québec d'une somme de
60 millions de dollars à compter de 2011[3].

On continue. Ligne suivante : «Paiement à la Nouvelle-Écosse –
hydrocarbures extracôtiers». Ah! Qu'est-ce donc? Un beau chèque de
175 millions pour les Néo-Écossais, gens sympathiques et plein d'hu-
mour s'il en est. L'explication législative : «Sous réserve des autres dispo-
sitions du présent article, le ministre fédéral peut, pour le compte de Sa
Majesté du chef du Canada, payer à Sa Majesté du chef de la province
le montant correspondant à soixante-quinze pour cent des profits réalisés dans le cadre du projet à compter du 1er avril 2010 et déterminés
selon le règlement[4]. »

Vous y comprenez quelque chose, vous? Moi oui. Il s'agit simplement d'un cadeau à la Nouvelle-Écosse. À l'échelle du Québec, ces
175 millions représenteraient une somme de 1,5 milliard de dollars.

Un peu plus loin : «Paiement de rajustement transitoire à la Nouvelle-Écosse» : 74 millions de dollars. Explication dans la Loi d'exécution
du budget 2009 : «À la demande du ministre des Finances, il peut être
payé sur le Trésor à la Nouvelle-Écosse la somme de soixante-quatorze
millions cent quatre-vingt-huit mille dollars. » C'est comme ça. Un
cadeau qui vaudrait 643 millions à l'échelle du Québec. On récapitule.
Si le Québec avait reçu des cadeaux du même ordre, il y aurait aujourd'hui
2,1 milliards de plus dans nos coffres.

Viennent ensuite les paiements aux territoires : Yukon, Territoires
du Nord-Ouest (T.N.-O.) et Nunavut. Les T.N.-O. reçoivent un montant de 864 millions de dollars. Cela peut sembler une somme modeste
à première vue, mais à l'échelle du Québec, cette somme atteindrait le
montant absolument sidérant de 155 milliards de dollars!

On pourrait se consoler en découvrant la ligne suivante, celle de la
péréquation, où le Québec reçoit une somme de 8,4 milliards de dollars.
C'est tout de même 1 058 dollars par Québécois. Pourtant, quand on y
regarde de plus près, on doit constater certains petits détails. Le premier,

---

3. Tous les Québécois intéressés par cette question devraient lire la Section G du
budget du Québec 2009 intitulée «Le point sur les transferts fédéraux».
4. Loi sur la reprise économique (mesures incitatives) 2009, ch. 31.

c'est que l'enveloppe totale de la péréquation et des paiements aux territoires s'élève à 16,683 milliards de dollars, dont 3,253 millions sont
payés par le Québec. Au net, nous recevons donc un montant de
5,102 milliards de dollars, auquel il faut malheureusement soustraire les
596 millions réclamés par Ottawa, qui a révisé ses calculs des années
antérieures. Au bout du compte, cela nous fait un montant net de
4,539 milliards, soit 575 dollars par Québécois.

Quand ils citent ce chiffre, nos amis fédéralistes oublient à chaque
fois d'ajouter qu'à l'Île-du-Prince-Édouard, c'est 2 400 dollars par personne, au Nouveau-Brunswick, 2200, au Manitoba, 1 700 et en Nouvelle-Écosse, 1 500 (fig. 5).

Figure 5

Péréquation par habitant, 2010

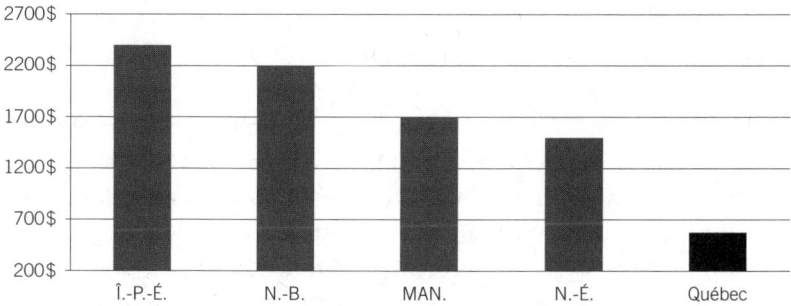

En prenant un peu de perspective, on déchante très rapidement.
Lors de la campagne référendaire de 1995, Jean Charest martelait sans
cesse que la souveraineté, c'était un grand trou noir. Belle expression pour
décrire l'avenir des paiements de péréquation au Québec. Dans l'avenir,
ceux-ci vont assurément diminuer. Le 3 novembre 2008, Jim Flaherty
annonçait à Monique Jérôme-Forget que le gouvernement fédéral allait
apporter des changements au programme de péréquation en le plafon-
nant au niveau de la croissance du PIB canadien. Comme ça, sans dis-
cussion, sans prévenir personne. Il y avait là une perte de 75 millions
pour le Québec. Puis de 700 millions l'année suivante (2011) et d'un
milliard annuellement par la suite.

Mais ça ne suffisait pas pour le bon Flaherty, qui en a rajouté. Il a révisé le calcul de la péréquation de façon à traiter différemment les revenus tirés d'Hydro-Québec et de Hydro One en Ontario. Perte pour le Québec : 250 millions de dollars.

Le pire, c'est sans doute l'entrée de l'Ontario dans le club des bénéficiaires de la péréquation. Cette province qui reçoit une aide financière unique d'Ottawa, a en effet pris une solide correction avec la crise financière de 2008. Après avoir reçu 76 millions de dollars de péréquation en 2009, ce furent 347 millions en 2010, 972 millions en 2011 et 2,35 milliards en 2012[5]. Conséquemment, le Québec en reçoit et recevra moins, puisque l'enveloppe globale demeure peu ou prou la même.

Après avoir fait un tour rapide de tous ces petits arrangements et pris la mesure de ce qui nous attend dans les prochaines années, on voit bien que l'argument fédéraliste de la péréquation s'effiloche, lentement mais sûrement.

Le pire, c'est que nous payons pour ça : en 2010, il en a coûté 351 millions pour faire fonctionner le ministère des Finances. Évidemment, le Québec dispose déjà d'un tel ministère et, hormis la gestion financière internationale et la question monétaire, les deux entités se chevauchent presque parfaitement. Il y a donc là des économies substantielles à réaliser.

Ainsi, un montant de 211 millions est dévolu à la gestion des programmes de transferts aux provinces et territoires et de taxation. La supervision des transferts perdra toute pertinence pour le Québec souverain. En fait, non seulement nous n'aurons plus à assumer cette charge, mais, mieux encore, les fonctionnaires québécois chargés d'analyser ces transferts pourront faire autre chose que de surveiller les tripatouillages fédéraux. Quant à la taxation, le Québec s'en occupe déjà.

Par ailleurs, une somme de 91 millions de dollars est affectée à la planification des politiques et du cadre budgétaire, une autre fonction déjà remplie par le ministère des Finances québécois. Finalement, notons que les services internes du ministère ont coûté 49 millions en 2010.

Il n'y a donc qu'une part très réduite de ces dépenses de 351 millions qui devra être assumée par le Québec souverain, en grande partie liée

---

5. Finances Canada, < www.fin.gc.ca >.

aux fonctions internationales et monétaires[6]. Nous estimons qu'une somme de 18 millions de dollars, correspondant à 5 % du total actuel, sera amplement suffisante.

Quant aux transferts, ils s'élèvent à 98 millions, soit notre part des transferts aux organisations financières internationales et notre contribution à la réduction de la dette des pays pauvres. Pour ce qui est des dépenses en biens et services, la part du Québec est minuscule : 3 millions sur un total de 38 millions.

Organismes

Le Québec a déjà son Vérificateur général, et hormis l'ampleur plus importante de la tâche de vérification qui échoirait à un Québec souverain, toutes les fonctions se dédoublent. Le bureau du Vérificateur général du Québec fonctionne actuellement avec un budget de 26 millions de dollars et son pendant fédéral a un budget de 88 millions. Cette fonction étant stratégique, il ne faut pas lésiner : j'estime que le Québec souverain pourrait assumer une part de 15 % des dépenses fédérales, soit un montant de 13 millions de dollars, ce qui représente une augmentation de 51 % du budget actuel du Vérificateur général du Québec.

Le Tribunal canadien du commerce extérieur est rarement mis à contribution par les entreprises canadiennes, comme en fait foi son budget de 11 millions de dollars. Le Québec souverain pourrait très bien s'en passer et laisser les tribunaux ordinaires assumer cette responsabilité.

L'Agence de la consommation en matière financière du Canada est chargée de protéger les consommateurs contre les pratiques abusives des institutions ou des intermédiaires financiers. Le Québec a déjà des organismes qui protègent les consommateurs, mais ils sont notoirement sous-financés. J'estime qu'une part de 23,3 % des dépenses – 3 millions de dollars – servirait bien les consommateurs du Québec souverain en donnant des moyens supplémentaires à l'Office de protection des consommateurs ainsi qu'à l'AMF.

Le Centre d'analyse des opérations et déclarations financières du Canada traque les opérations de financement du terrorisme et de toute

---

6. Dix millions de dollars pourraient être utilisés pour créer un Institut monétaire capable de guider les choix du Québec souverain.

autre activité criminelle. Son budget est de 50 millions de dollars. Le Québec aura besoin d'un tel organisme de surveillance, qui devrait être rattaché aux services de renseignement. Nous estimons à 25 % la part des dépenses que le Québec souverain devra assumer, soit une somme de 13 millions de dollars.

Le Bureau du surintendant des institutions financières réglemente et supervise le système financier et les régimes de retraite. Il est autonome financièrement et ses revenus excèdent ses dépenses de 10 millions de dollars. Le Québec devra se doter d'un tel organisme, mais comme il s'autofinancera aussi, je ne comptabilise pas ses dépenses, ni ses revenus potentiels, d'ailleurs.

PPP Canada Inc., un nouvel organisme créé par le gouvernement conservateur, a pour objectif de «faire du Canada un chef de file des PPP dans le monde». En 2010, il a reçu une somme de 172 millions de dollars. Ses dépenses de fonctionnement ont atteint 5,4 millions de dollars. Le Québec souverain pourra s'en passer et n'aura donc aucune dépense à assumer.

* * *

Au total, le Québec souverain aura à assumer des dépenses de 112 millions de dollars pour les Finances.

Les avantages de la souveraineté, en plus des économies de 74 millions de dollars:
- Le Québec ne sera plus à la merci des caprices d'un ministre fédéral, puisque les Québécois contrôleront l'ensemble de leurs finances publiques.
- Le Québec pourra enfin cesser de batailler continuellement pour recevoir sa juste part des transferts fédéraux.
- Le Québec pourra concevoir lui-même ses politiques économiques et fiscales, selon ses besoins et ses intérêts.
- Le Québec pourra effectuer une planification budgétaire sur plusieurs années, sans être obligé de s'ajuster aux décisions arbitraires d'Ottawa.
- Le Vérificateur général ne sera pas un anglophone unilingue comme c'est le cas actuellement à Ottawa.

13 Le Gouverneur général

Formellement, le Gouverneur général est le premier personnage de l'État canadien, puisqu'il est le représentant de la Couronne britannique au Canada. De nos jours, cette fonction anachronique est plus décorative qu'effective.

Il n'en fut pas toujours ainsi. Jusqu'à la formation des premiers gouvernements responsables en 1848, le Gouverneur général dirigeait effectivement le Canada au nom de la Couronne. C'est après les rébellions de 1837-1838 – celles des Patriotes –, qui avaient pour assises la volonté d'établir un gouvernement responsable, que le poste de Gouverneur général a commencé à prendre une tournure plus symbolique.

Le « GG » nommé par Stephen Harper en juillet 2010 s'est commis pour son pays en cosignant en 1995 un livre qui avait pour but de faire peur aux Québécois. Dans *If Quebec Goes... The Real Cost of Separation*, David Johnson voulait faire la démonstration du caractère apocalyptique de la souveraineté en matière économique. À cette époque, il était coprésident du comité du NON de Montréal ; il serait donc pour le moins étonnant qu'il soit demeuré à l'écart des magouilles d'Option Canada. Mais donnons-lui le bénéfice du doute…

Voici donc un homme qui a bien mérité les honneurs qui lui ont été faits, lui qui a servi la cause du Canada dans sa « guerre » contre le Québec. Et on paye pour ça : 19 millions de dollars par année, dont 4 millions sont déboursés par le Québec. (Il faut savoir qu'une bonne partie des dépenses liées à la fonction sont assumées par d'autres ministères.)

* * *

Le Québec souverain n'aura aucune dépense à assumer au titre du poste de Gouverneur général.

L'avantage de la souveraineté, en plus des économies de 4 millions de dollars :

- Les Québécois ne seront plus sujets de la Couronne britannique ou de son représentant au Canada.

14 Industrie Canada

Le gigantesque portefeuille ministériel de l'industrie génère des dépenses de 6,2 milliards de dollars. Il s'agit d'une véritable machine à subventions industrielles, dont plusieurs sont véritablement stratégiques. C'est sans doute la raison pour laquelle pas moins de quatre maroquins ministériels y sont affectés.

C'est un autre ministre venu de l'Ontario qui chapeaute le tout : Tony Clement. Il est secondé par Gary Goodyear, nommé par Stephen Harper ministre d'État aux sciences et technologies. Cela ne manque pas de piquant quand on sait que ce monsieur est un adepte du création-nisme, une croyance antiscientifique unanimement dénoncée par la communauté des chercheurs. Deux illustres inconnus complètent cette équipe éminemment « créative ».

Dans l'énoncé de politique d'Industrie Canada, il est bel et bien spécifié que « les sciences et la technologie, les connaissances, et l'inno-vation sont des moteurs efficaces pour une économie canadienne forte ». Pourtant, le ministre Clement a procédé à l'abolition du questionnaire long du recensement, un des instruments les plus précieux pour la recher-che en sciences sociales et l'élaboration des politiques publiques, et Goodyear conteste l'une de notions les plus fondamentales de la biologie : la théorie de l'évolution des espèces.

Cette folie a même été remarquée en France. Dans un article intitulé « Darwin, réveille-toi ! », le magazine *L'Express* soulignait le fait que dans certains pays, « ceux chargés en principe des questions scientifiques contestent » la théorie darwinienne. Dans cet article, le Canada se retrou-vait aux côtés de la Turquie, dont le régime islamo-conservateur a censuré l'article de 15 pages qu'un mensuel scientifique devait consacrer à Char-les Darwin.

Pour administrer les lubies des zigotos créationnistes-conservateurs (pour faire court, je proposerais « *créa-cons* ») rien de mieux qu'un vétéran de la guerre contre les séparatistes, celle du bon vieux temps de 1980, quand les menaces de couper les pensions de vieillesse fonctionnaient si bien. Je vous présente le sous-ministre de l'Industrie, Richard Dicerni, un fonctionnaire qui a fait ses armes de 1977 à 1980 en tant que directeur général du Centre d'information sur l'unité canadienne. L'homme a ensuite fait carrière dans la fonction publique ontarienne où il fut remarqué par le gouvernement Harris. Il a rejoint ses amis conservateurs en 2006 en devenant sous-ministre de l'Industrie.

Le plus important poste budgétaire de ce ministère est celui des programmes de transferts : un peu plus de 2 milliards de dollars. Ce qui saute au visage du fureteur dans les Comptes publics, c'est la myriade de programmes conçus spécifiquement pour l'Ontario. Pas moins de 14 programmes ont été mis en place spécifiquement pour la province reine, générant une pluie de subventions totalisant 397 millions de dollars.

Le Québec souverain n'aura évidemment pas à assumer ces dépenses. Pour le reste des programmes, des paiements de transfert importants pour le Québec apparaissent, notamment une somme de 37 millions destinés à la conception des avions CSeries de Bombardier, des contributions de 48 millions au secteur de l'aérospatiale, des subventions de recherche de 330 millions, notamment par le biais du programme de Partenariat technologique du Canada, et 19 millions de Génome Canada pour le Québec. Un Québec souverain devrait assumer l'intégralité de ces transferts financiers stratégiques.

Les dépenses de fonctionnement du ministère ont atteint 524 millions en 2010. Il y a là de nombreux doublons avec le ministère québécois du Développement économique, de l'Innovation et des Exportations, ces deux ministères ayant à peu près les mêmes fonctions. De plus, les services internes de gestion d'Industrie Canada ont augmenté de 85 millions de dollars entre 1998 et 2010, soit une hausse de 99 %, ce qui est proprement ahurissant.

Il y a certainement moyen de faire des économies substantielles, autant par l'élimination des chevauchements que par une gestion plus serrée des dépenses de fonctionnement de l'institution. J'estime en conséquence que la part du Québec de ces dépenses s'élève au maximum à 10 %, soit un montant de 52 millions de dollars.

Organismes

Le siège social de l'Agence spatiale est situé au Québec. Les dépenses totales dans cette organisation de pointe, liée de près à l'industrie aérospatiale ont totalisé, en 2010, 345 millions de dollars, dont 229 en dépenses de fonctionnement. Le principal bénéficiaire de l'Agence au cours des ans est Macdonald Dettwiller, une firme de Colombie-Britannique qui obtient régulièrement des contrats de plusieurs dizaines de millions de dollars. C'est donc dire que si elle est principalement située au Québec, l'Agence sert tout le Canada. Dans un Québec souverain, l'activité spatiale pourra prendre des formes diverses. Mais cette activité est fortement axée sur la coopération, comme en fait foi la contribution de 30 millions à l'Agence spatiale européenne, avec laquelle le Canada a signé une entente. Le Québec pourra sans doute s'entendre avec le Canada et ses autres partenaires internationaux pour perpétuer le travail de l'Agence spatiale, auquel cas nous devrons faire un effort financier plus important que ne le commanderait notre poids économique ou démographique relatif. Je propose donc que le Québec souverain assume 25 % des dépenses de fonctionnement de l'Agence spatiale, soit un montant de 57 millions de dollars.

Le siège social de la Commission canadienne du tourisme, un organisme qui dépense 105 millions de dollars par année, est à Vancouver. La souveraineté permettra au Québec de récupérer les 20 millions de dollars correspondant à notre poids économique, une somme qui pourra être utilisée pour mettre en avant notre image de marque à l'international et publiciser nos propres destinations touristiques.

La Commission du droit d'auteur est chargée d'établir des tarifs équitables pour les droits d'auteur au Canada. En fait, le gouvernement fédéral est en train de brader la notion même de droit d'auteur[1], ce qui nuit considérablement aux créateurs québécois. La souveraineté permet-

---

1. Depuis quelques années, c'est le ministère de l'Industrie qui pilote la législation sur le droit d'auteur plutôt que Patrimoine Canada. Ce n'est pas étonnant lorsque l'on sait que « le droit d'auteur canadien est passé d'une loi centrée sur l'auteur à un casse-tête juridique où se côtoient divers intervenants – producteurs, radiodiffuseurs, fournisseurs de services, établissements d'enseignement, utilisateurs, etc. – diluant d'autant la place de l'auteur ». (George Azzaria, *Le Devoir*, 15 juin 2010)

tra au Québec de corriger cela. Les tarifs pourront être fixés par voie réglementaire, sans besoin d'une commission.

Le Conseil national de recherches Canada (CNRC), établi en Ontario, est en quelque sorte le bras de la recherche à l'interne du gouvernement fédéral. Ses dépenses ont totalisé 931 millions de dollars en 2010, dont 609 millions en frais de fonctionnement. Le CNRC est responsable de 24 centres et instituts de recherche scientifique, dont deux seulement sont situés au Québec. J'estime donc que des dépenses de fonctionnement de l'organisme, le Québec souverain ne devrait assumer que 8 %, soit une somme de 50 millions de dollars. L'organisme effectue également des paiements de transfert très nombreux et qui s'élèvent à 271 millions de dollars. Le Québec souverain assumera la part que reçoit le Québec.

Le Conseil de recherches en sciences naturelles et en génie (CRSNG) est un organisme subventionnaire dont les dépenses ont totalisé un peu plus d'un milliard de dollars en 2010, dont 47 millions pour son fonctionnement. Le Québec a reçu 240 millions du milliard distribué par cet organisme en 2010. Pour ceux qui seraient surpris de constater que le Québec reçoit pour une rare fois sa juste part, il faut savoir que cet organisme distribue les subventions de recherche à partir d'une évaluation objective, effectuée par les pairs. Pour ce qui est des dépenses de fonctionnement, le Québec a déjà un organisme subventionnaire équivalent qui traite souvent les mêmes demandes de subventions de recherche. Il y a donc là des économies très substantielles à réaliser. Nous estimons à tout au plus 10 % cette part des dépenses actuelles de 47 millions que le Québec souverain devra assumer, soit 5 millions de dollars. Au total, donc, le Québec devra débourser une somme de 245 millions de dollars.

Le Conseil de recherches en sciences humaines (CRSH) est un autre organisme subventionnaire, dont les dépenses ont totalisé 686 millions de dollars en 2010, dont 27 millions pour son fonctionnement. Le Québec a reçu 156 des 659 millions distribués en 2010, attribués là encore selon des critères objectifs. Comme le Québec a déjà un organisme équivalent[2] qui traite souvent les mêmes demandes de subventions, il y

---

2. Jusqu'en mars 2011, trois fonds du gouvernement du Québec subventionnaient la recherche. Les trois organismes se partageaient les secteurs de la santé (Fonds de recherche en santé du Québec), de la nature et des technologies (Fonds québécois de

a là encore des économies très substantielles à réaliser. J'estime à tout au plus 10 % la part des dépenses de fonctionnement du CRSH que le Québec souverain devra assumer, soit un montant de 3 millions de dollars. Au total, donc, le Québec devra débourser une somme de 159 millions de dollars pour financer sa propre institution.

Le Conseil canadien des normes a dépensé 7 millions de dollars en 2010. Le Québec souverain pourrait se créer un tel organisme qui reprendrait les normes canadiennes, américaines ou européennes et les adapterait en fonction de nos intérêts, ce qui coûtera moins cher. J'estime le coût de ce nouvel organisme à 3 millions de dollars par année.

En 2010, Statistique Canada a dépensé 509 millions de dollars en frais de fonctionnement. Le Québec possède déjà un organisme chargé de la statistique (l'Institut de la statistique du Québec), mais il est de moindre envergure. Les services internes de Statistique Canada ont coûté 93 millions en 2010, et il y a là des économies appréciables à réaliser, d'autant que ce poste de dépenses a augmenté de 221 % depuis 1998. J'estime que le Québec souverain devrait assumer au maximum 10 % de ces dépenses de gestion centrale, soit 9 millions de dollars.

Pour le reste, le Québec souverain pourra économiser des millions de dollars en revenant au recensement long, ce qui lui permettra en outre de disposer de données fiables[3]. Pour estimer la part du Québec, j'ai choisi d'utiliser le ratio démographique du Québec dans le Canada, soit 23,1 %, ce qui nous donne un montant de 97 millions. Au total, le Québec souverain devra donc assumer des dépenses de 111 millions de

---

recherche de la nature et de la technologie) et des sciences humaines et sociales (Fonds québécois de recherche en sciences sociales). En mars 2010, le gouvernement a regroupé les trois fonds en un seul : le Fonds Recherche Québec.

3. La méthode utilisée par le gouvernement fédéral, qui consiste à multiplier les sondages et les enquêtes pour pallier l'insuffisance des données recueillies, implique des dépenses supplémentaires. À cela, il faut ajouter les coûts engendrés pour les administrations publiques qui devront réaliser des analyses de données et des enquêtes auparavant inutiles. L'imprécision des données pourra également nuire à l'élaboration et l'efficacité de politiques publiques qui reposent souvent sur une connaissance fine de la population. Je renvoie le lecteur au communiqué de l'Institut de la statistique du Québec daté du 16 septembre 2010.

dollars pour entretenir son appareil statistique national.

Des transferts totaux de 3,998 milliards de ce ministère, le Québec a reçu une part de 663 millions de dollars, soit 16,6 %. Pour ce qui est des dépenses en biens et services de l'institution, le Québec n'a bénéficié que de 11 % du total de 385 millions de dollars, soit 43 millions.

On comprend qu'avec une part aussi réduite des transferts et des dépenses en biens et services, l'industrie québécoise ne trouve absolument pas son compte avec Industrie Canada, d'autant que cette bureaucratie multiplie les chevauchements avec le ministère québécois. Iniquités envers le Québec, politiques malavisées, dépenses bureaucratiques excessives. Pour le Québec, Industrie Canada fait davantage partie du problème que de la solution.

* * *

Au total, pour le portefeuille de l'Industrie, le Québec souverain devra assumer des dépenses de 986 millions de dollars.

Les avantages de la souveraineté, en plus des économies de 224 millions de dollars :
• Le Québec pourra réorienter un budget de près d'un milliard de dollars vers les secteurs industriels prioritaires de son économie.
• Les politiques scientifiques et technologiques du gouvernement seront à l'abri des créationnistes.
• Les données du recensement, si vitales pour la recherche en sciences sociales et la conception des politiques publiques, seront plus complètes et coûteront moins cher.

15 La Justice

Directement importée des États-Unis, la doctrine conservatrice du *law and order* (la loi et l'ordre) a pour objectif stratégique fondamental de gagner des votes en faisant résonner les plus basses des émotions humaines : la peur et la vindicte.

L'obsession du gouvernement Harper pour les politiques de répression ne peut s'épanouir qu'à partir du moment où la population est convaincue que la criminalité est un problème de plus en plus important. Or, toutes les statistiques pointent dans la même direction : la criminalité est en forte baisse au Canada, comme d'ailleurs dans la plupart des pays occidentaux. Selon Statistique Canada, le taux de criminalité a baissé de 3 % en 2009, et il était alors de 17 % inférieur à ce qu'il était 10 ans plus tôt.

Mais les conservateurs, qui ne s'embarrassent pas de la science, agissent de la même façon devant les faits. Pressé de questions sur la contradiction entre le discours alarmiste de son gouvernement et les chiffres qui le contredisent, le ministre de la Justice, Rob Nicholson, a rejeté du revers de la main la validité desdits chiffres, en prétendant tout bonnement que les gens ne déclaraient pas les infractions à la police ! Si cette affirmation était vraie en 2010, elle l'était certainement aussi dix ans plus tôt...

Une pareille attitude pourrait simplement être amusante pour nous au Québec, mais cette politique de cow-boy a des conséquences importantes. Le modèle populiste *made in U.S.A* qui préconise la liberté de porter des armes à feu tout en remplissant les prisons, coûte cher et a des résultats bien médiocres. Il suffit pour le constater de comparer les taux de criminalité du Québec et de l'Alberta (fig. 6).

Figure 6

Taux de crimes avec violence, 2003

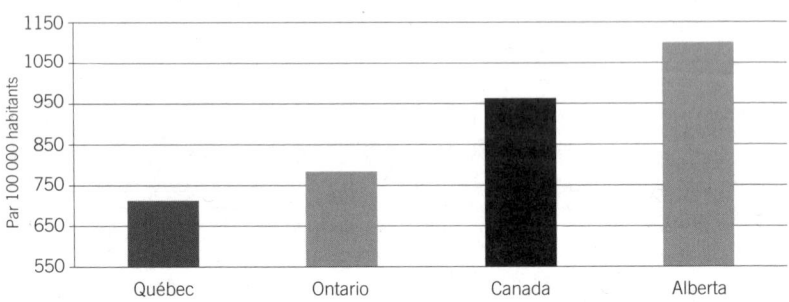

Mauvais résultats et coûts prohibitifs, voilà le modèle albertain. En 2010, le Directeur parlementaire du budget a estimé que le projet conservateur de « loi sur l'adéquation de la peine et du crime » coûterait de 10 à 13 milliards de dollars sur cinq ans[1], dont une part de près de 21 % serait assumée par le Québec, entre 2 et 3 milliards. Ne serait-ce que pour éviter au Québec de tomber dans le piège de la justice à l'américaine que voudrait nous imposer le gouvernement fédéral, la souveraineté est hautement désirable.

Les dépenses du portefeuille de la Justice ont totalisé 1,5 milliard en 2010, dont 1,155 milliard pour son fonctionnement. Le ministère a encouru à lui seul des dépenses de 799 millions de dollars, dont 414 en frais de fonctionnement.

Pour calculer la part devant être assumée par un Québec souverain, j'ai d'abord examiné les transferts de 385 millions de dollars. Outre les sommes versées au gouvernement du Québec (71 millions) et qui sont déjà comptabilisées, le Québec a reçu 2 millions de dollars. Des dépenses en biens et services de 117 millions, le Québec a reçu un maigre 16 millions, soit moins de 14 %.

Pour ce qui est des dépenses de fonctionnement, les chevauchements sont très importants entre les deux ministères de la Justice et il nous

---

1. Bureau du directeur parlementaire du budget, « Besoin de financement et impact de la Loi sur l'adéquation de la peine et du crime sur le système correctionnel au Canada », 22 juin 2010.

apparaît évident que des économies très importantes sont aisément réalisables dans ces dépenses.

Par exemple, le ministère dépense 51 millions de dollars pour concevoir les lois et programmes en matière de justice ; 214 millions pour offrir des services juridiques au gouvernement[2] ; et 148 millions pour ses services internes de gestion, un poste de dépenses qui a explosé de 270 % depuis 1998 – une hausse qui m'apparaît franchement démesurée.

J'estime que le Québec souverain aurait à assumer au grand maximum 10 % de ces coûts de fonctionnement exorbitants, soit un montant de 41 millions de dollars.

Organismes

Le Québec souverain n'aura pas besoin d'une Commission canadienne des droits de la personne puisqu'il en a déjà une. Même chose pour le Tribunal canadien des droits de la personne. Ensemble, ces deux organismes ont dépensé 27 millions de dollars.

Le Commissaire à la magistrature fédérale, qui sert essentiellement à payer les juges fédéraux, a dépensé 438 millions de dollars en 2010. Le Québec compte 219 juges fédéraux[3] sur les 1 104 en exercice au Canada, soit 19,8 % du total. Le Québec souverain n'aura pas besoin des cours fédérales, pour des raisons évidentes, ce qui exclut déjà des dépenses de 29 millions de dollars. J'ai donc estimé la part du Québec à 19,8 % du total restant (409 millions), ce qui donne un montant de 81 millions de dollars.

Le Service administratif des tribunaux judiciaires a dépensé 66 millions de dollars en 2010 pour organiser les services administratifs des tribunaux de la Cour d'appel fédérale, de la Cour fédérale, de la Cour martiale du Canada et de la Cour canadienne de l'impôt. Le Québec n'aura plus besoin de ces institutions, à l'exception d'une cour martiale pour sa nouvelle armée. J'estime donc la part du Québec souverain à 5 % du total de ces dépenses, soit 3 millions de dollars.

---

2. Le ministère de la Justice envoie une partie de la facture de 443 millions aux autres ministères, de sorte qu'il recueille des revenus de 229 millions, ce qui laisse des dépenses nettes de 214 millions.
3. Dont trois juges à la Cour suprême.

Le Service des poursuites pénales du Canada (SPPC) « s'occupe principalement de poursuites en matière de drogues, de crime organisé, de terrorisme, de droit fiscal, de blanchiment d'argent et de produits de la criminalité, de crimes contre l'humanité et de crimes de guerre et d'infractions au Code criminel dans les territoires ». Une partie importante des activités de cet organisme ne concerne pas le Québec. Par exemple, le SPPC est chargé des poursuites en matière de drogue partout sauf au Québec et au Nouveau-Brunswick. En outre, sur les 35 millions payés pour des services juridiques à plus de 270 avocats, pas le moindre sou ne semble avoir été versé au Québec. J'estime donc que les dépenses que devra assumer le Québec souverain seront au maximum à 5 % des dépenses totales de 147 millions du SPPC, soit 8 millions de dollars.

L'équivalent du Commissariat à l'information et à la protection de la vie privée du Canada, qui a dépensé 34 millions de dollars en 2010, existe déjà au Québec. Afin d'augmenter le budget de la Commission québécoise d'accès à l'information, qui devra traiter un volume plus important de plaintes, nous estimons que le Québec souverain devrait assumer 5 % des dépenses fédérales dans ce domaine, soit une somme de 2 millions de dollars.

La Cour suprême du Canada coûte 29 millions de dollars par année[4]. Sur le fond, la souveraineté sera très avantageuse pour le Québec, qui n'aura plus à se plier aux injonctions d'une Cour qui interprète une Constitution qui n'a jamais été signée par lui. Le Québec souverain aura besoin d'une Cour de dernière instance : cette tâche pourrait être confiée à la Cour d'appel ou à une nouvelle cour. Le Québec souverain devra donc assumer une part de ces dépenses, que j'évalue à 20 % du total fédéral, soit 6 millions de dollars.

* * *

Au total, pour le portefeuille de la Justice, le Québec souverain assumera des dépenses de 140 millions de dollars.

---

4. En excluant le salaire des juges.

Les avantages de la souveraineté, en plus des économies de 87 millions de dollars :

- Le Québec pourra définir lui-même ses grandes orientations en matière de justice.
- Le Québec économisera des milliards de dollars dans le domaine des services correctionnels en évitant de remplir ses prisons de gens qui n'ont rien à y faire, et pourra concentrer ses efforts sur les criminels dangereux.

16 Un parlement de trop

Les parlements sont des institutions remarquables. Ils constituent des enceintes où les gens civilisés s'affrontent sur des questions souvent très importantes dans le cadre d'un certain nombre de règles, écrites ou tacites, sans recourir à la violence.

À Ottawa, ces règles valent pour tous, sauf pour les souverainistes du Québec. Il est inimaginable de même penser qu'un parlementaire canadien, un journaliste ou n'importe qui d'autre tienne, sans en subir les conséquences, des propos méprisants sur les Noirs, les juifs ou tout autre groupe. Sauf pour les Québécois. Mais attention, il y a une règle. Si vous voulez vous attaquer aux Québécois, vous devez prendre soin d'y accoler le mot « séparatiste ». C'est ce terme, et ce terme seulement, qui donne licence au mépris de toute une nation.

Quand j'ai commencé mon emploi au Service de recherche du Bloc, le soir venu, de jeunes excités du Parti réformiste venaient souvent coller des autocollants du drapeau du Canada aux fenêtres de nos bureaux. Il faut dire que ces révolutionnaires mal dégrossis tenaient assez mal l'alcool. Mais après quelques années passées dans l'opposition, ils ont changé de cible. Ils se sont mis à véritablement détester le gouvernement libéral. Les réformistes perdaient toutes les joutes parlementaires, jour après jour, humiliation après humiliation. Nous voyant percer l'armure libérale, ébranler le géant, les jeunes réformistes se sont mis à nous regarder différemment. Avec un certain respect.

Ils voulaient même collaborer. Quand Stephen Harper est revenu en conquérant, après avoir uni la droite, il s'est mis en tête de coopérer avec le chef du Bloc, en s'enquérant des conseils de Gilles Duceppe sur la manière de renverser le gouvernement de Paul Martin, et en allant même jusqu'à signer une lettre avec les chefs du Bloc Québécois et du NPD pour convaincre la Gouverneure générale de donner une chance à une éventuelle coalition.

Une coalition de Harper avec les séparatistes et les socialistes. Exactement ce qu'il a dénoncé si ardemment pendant la campagne électorale de 2011[1]...

Dans son premier discours du Trône, Stephen Harper a pris la peine de saluer le chef du Bloc et de lui signifier son respect. À cette époque, les réformistes-conservateurs avaient enfin vaincu les irréductibles libéraux, cette horde de gauchistes urbains et arrogants. Ils jubilaient, et ils étaient convaincus que les bloquistes partageaient leur haine des libéraux.

Ils se trompaient. Pour ma part, je n'ai jamais haï les libéraux. Ce que je déteste, c'est ce système qu'ils défendent et qui entrave la nation québécoise et empêchera toujours la reconnaissance concrète de son existence pourtant manifeste.

Aussi, quand Duceppe a insisté pour que le gouvernement conservateur reconnaisse la nation québécoise, Harper fut fort agacé. Et ça n'arrêtait pas là. Les libéraux, sentant le désarroi des conservateurs, se mirent de la partie: Michael Ignatieff déclara qu'il était temps de reconnaître que les Québécois formaient une nation.

Mais Stephen Harper a trouvé un partenaire utile en Stéphane Dion, celui à qui on attribue couramment la paternité de la Loi sur la clarté... En fait, le véritable père de cette manœuvre inique, c'est Harper lui-même, qui, alors qu'il était jeune député réformiste, avait déposé le projet de loi qui fut à la source de la loi de Dion.

Les deux ont concocté une motion parfaitement odieuse qui, en anglais, reconnaissait la nation *ethnique* des Québécois. Ils n'ont jamais voulu reconnaître une nation politique. Et pour faire bonne mesure, ils ont ajouté l'expression «dans un Canada uni», ce qui ne veut strictement rien dire: une nation est une nation. Mais tant qu'à se faire plaisir...

Cet après-midi-là, j'étais dans mon bureau, attendant fébrilement le texte de la motion du premier ministre. Les règles tacites veulent en effet que le Bureau du premier ministre communique le texte d'une motion qu'il va présenter aux autres chefs quelque temps avant de la prononcer en Chambre, de façon à ce que ceux-ci puissent préparer une réponse.

---

1. Ce que les conservateurs appellent entre eux la coalition libérale-SS (séparatiste-socialiste).

J'ai finalement reçu le texte un quart d'heure avant l'allocution de Stephen Harper, ce qui était un peu court pour préparer la réponse de Gilles Duceppe. Mais enfin, j'ai fait de mon mieux. Et puis j'ai allumé la télévision pour entendre Harper. La motion qu'il lisait était complètement différente du texte qu'on nous avait envoyé. Et j'ai vite compris que les libéraux et les néodémocrates étaient dans le coup, eux aussi. Les trois partis nous avaient pris en traître, montrant clairement la seule véritable coalition à l'œuvre dans ce Parlement : celle du Canada uni contre le Québec. Les règles valaient pour tous, sauf pour les élus des Québécois – les élus souverainistes, s'entend.

* * *

L'appareil parlementaire coûte 564 millions de dollars par année, dont 110 millions en provenance du Québec : les dépenses totales du Parlement, qui incluent le Sénat, la Chambre des communes, la Bibliothèque du Parlement, et les commissaires et conseillers à l'éthique. Pour des raisons évidentes, le Québec souverain n'aura pas besoin de ces institutions. Au total, pour le portefeuille du Parlement, le Québec souverain n'assumera pas un sou.

Les avantages de la souveraineté, en plus des économies de 110 millions de dollars :
• Le Québec sera enfin libre d'adopter toutes ses lois, d'utiliser comme il l'entend ses impôts et ses taxes et de mettre en œuvre sa propre politique étrangère.
• Le Québec sera libéré du Sénat.

17 Patrimoine Canadien

Dans la guerre que l'appareil fédéral livre au nationalisme québécois, le ministère de Patrimoine Canadien est en première ligne sur le front identitaire. Il existe même un programme au titre évocateur : « Promotion et appartenance au Canada ». Ça ne s'invente pas et ça n'est pas donné : 100 millions de dollars. À une certaine époque, j'appelais ce ministère « The Sheila Copps Company ».

Sheila Copps a en effet longtemps été le fer de lance de « Patrimoine » et c'est avec fierté qu'elle a inondé le Québec de drapeaux, d'écussons et de toute une série de babioles rouge et blanc. C'est également sous son leadership que le gouvernement fédéral s'est mis à financer massivement les célébrations de la fête du Canada, et à distribuer la plus grande part de ces dépenses au Québec.

Il fallait bien consentir un effort financier, car les Québécois n'avaient pas le réflexe de célébrer en grand le Canada, étant plutôt portés, le 1er juillet, à célébrer le festival du déménagement. Sheila Copps s'est dit que si Ottawa payait pour les spectacles, les ballons et les feux d'artifices, les Québécois finiraient bien par réaliser que leur véritable identité était canadienne.

Autre moyen de susciter la fierté canadienne : le sport olympique. Rien de tel que de voir un bel athlète québécois porter les couleurs canadiennes et verser une larme de joie lors des cérémonies de remise des médailles, alors que l'on joue l'hymne national canadien.

Malheureusement pour la ministre Copps et ses successeurs, il y a bien souvent des ratés pour le moins contre-productifs. Par exemple, cette débauche de drapeaux canadiens à Nagano qui avait indisposé les athlètes du monde entier. Le refus opposé à Émilie Heymans, une championne du Québec, de poser un tout petit drapeau bleu et blanc sur ses vêtements. *No way!* Hors de l'unifolié, point de salut.

J'ai moi-même été à l'origine d'une bagarre menée par Caroline St-Hilaire, l'actuelle mairesse de Longueuil qui était à l'époque députée

du Bloc. Il se trouvait que les sites web d'une grande majorité des asso-
ciations sportives canadiennes (de ski, de plongeon, de hockey, etc.) ne
contenaient pas un mot de français ou alors offraient des traductions
complètement loufoques.

Et évidemment, il y a eu cette cérémonie d'ouverture des Jeux de
Vancouver, qui montrait le vrai visage du Canada, le français et le Québec en étant les grands absents. Plus triste, alors que le Canada en pro-
fitait pour honorer ces grands athlètes du passé, aucune mention ne fut
faite de Gaétan Boucher, qui fut longtemps l'athlète olympique le plus
médaillé du Canada. Il semble bien que les athlètes québécois ne fassent
pas partie de la psyché sportive canadienne.

En fouillant dans les documents de ce ministère, on peut se deman-
der où se cache la culture québécoise. Nulle part. Pour le gouvernement
fédéral, la culture québécoise, ça n'existe pas. Sheila Copps aimait dire
qu'il n'y avait qu'une seule culture nationale au Canada. La culture
québécoise n'était qu'une composante régionale de la grande culture
canadienne.

Il y a quelque chose de troublant à voir qu'une grande partie du
financement de notre culture provient d'un gouvernement qui ne reconnaît même pas son existence. En fait, cela fait partie de l'arsenal fédéral.
La présidente de Radio-Canada, venue témoigner en mai 1999 devant
un comité des communes, soulignait ainsi en toute candeur que la SRC
avait le mandat de «défendre l'unité canadienne». Et le poids de cette
machine dans la culture est immense, comme la SRC elle-même le fait
valoir sur son site web : «Radio-Canada est le plus important créateur et
diffuseur de contenu culturel et d'information en français au Canada à
la radio, à la télévision et sur Internet.»

Dernier épisode en date, le mépris affiché par Stephen Harper envers
les artistes durant la campagne électorale de 2008. Certains analystes y
ont vu une gaffe politique, qui a fait perdre des plumes à Harper au
Québec. Mais c'est un peu plus compliqué : la réalité se cache dans l'asy-
métrie perceptuelle des deux solitudes. Il faut savoir qu'au Canada, la
culture populaire, les chansons qu'on écoute, la télé, les films, les magazines proviennent massivement des États-Unis. Le *star system*, cet agglo-
mérat de vedettes auxquelles les gens s'identifient, est américain. Il

s'ensuit qu'il n'existe que des liens très ténus entre le soutien gouvernemental aux créateurs et la culture consommée effectivement par les
Canadiens. Ce soutien est donc perçu par une majorité comme de l'argent gaspillé, qui finance des artistes marginaux et élitistes.

Au Québec, c'est tout le contraire. Le financement de la culture sert
à produire des films que les gens vont voir, ou les émissions de télé les
plus populaires. Les vedettes auxquelles les Québécois s'identifient sont
très souvent d'ici. Donc, quand Stephen Harper affiche son mépris envers
les artistes et les traite de pleurnichards, il fait mouche au Canada et
récolte des appuis. C'est tout le contraire au Québec, où non seulement
les gens sont attachés à leurs artistes, mais où, en plus, la culture est un
enjeu économique très important.

Il va sans dire que dans un Québec souverain, la culture aura une
place de choix. D'abord parce que son foisonnement est vital d'un point
de vue existentiel pour la nation québécoise. Ensuite parce qu'elle est un
moteur économique en pleine croissance, qui crée des emplois et que
nous réussissons à exporter. Et finalement, parce la culture constitue une
vitrine exceptionnelle pour l'image de marque du Québec dans le monde.

Le portefeuille de Patrimoine canadien est responsable de dépenses
totalisant 3,5 milliards de dollars, dont 2,3 milliards en fonctionnement.
Sur des transferts totaux de 1,188 milliard, le Québec a reçu une part de
15,4 %, soit 183 millions de dollars.

Le ministère a dépensé à lui seul 1,475 milliard en 2010, dont
309 millions de dollars en frais de fonctionnement. De cette somme, 79
millions ont été consacrés à l'administration de trois programmes dont
le Québec souverain se passera. Les 230 millions restant servent des
fonctions (les sports et la culture), qui chevauchent celles qui sont actuellement assumées par le gouvernement du Québec. De plus, les dépenses
d'administration générale du ministère ont connu une augmentation
exagérée : 87 % depuis 1998. Il y a des économies substantielles à réaliser ;
j'évalue la part du Québec de ces dépenses de fonctionnement au maximum à 10 % du total, soit une somme de 23 millions de dollars.

Patrimoine joue plusieurs rôles à la fois, les plus importants étant le
soutien à la culture et aux sports, et la promotion de l'identité canadienne. En matière de soutien à la culture et aux arts, le ministère verse

des transferts de 425 millions de dollars. En matière de soutien aux sports, c'est 198 millions. Le ministère a aussi versé 351 millions pour les langues officielles, en grande majorité hors Québec.

Le Québec souverain sera un pays francophone qui n'aura pas besoin de programmes de subventions pour les langues officielles. Mais comme le gouvernement du Québec reçoit une somme de 47 millions de dollars, déjà comptabilisée, il pourra continuer d'offrir des services dans sa langue à la communauté anglophone du Québec sans encourir de dépenses supplémentaires.

Finalement, le ministère a versé des transferts de 77 millions au titre de « la mobilisation et de l'intégration ». Ces subventions sont saupoudrées au petit bonheur et ne sont pas efficaces. Un Québec souverain pourra s'en passer. Le programme « promotion et appartenance au Canada » a, quant à lui, coûté 100 millions de dollars en 2010. Quelque chose me dit que le Québec n'aura pas besoin non plus d'un tel programme.

Organismes

Le Conseil des arts du Canada a reçu des crédits de 183 millions en 2010. Il a pour fonction de distribuer des subventions dans le domaine des arts. Au total, l'organisme a dépensé 28,5 millions pour son administration. Le Québec ayant déjà un tel organisme, le Conseil des arts et des lettres du Québec, aucune dépense de fonctionnement n'aura à être assumée par le nouveau pays. Des 154,5 millions en subventions, le Québec a reçu 49 millions de dollars. Le Québec souverain devra assumer ces dépenses[1].

Il est très difficile d'obtenir des chiffres précis sur la répartition des 1,140 milliard de dollars versés à la Société Radio-Canada (SRC) en 2010. Le meilleur indice que nous avons est la répartition des dépenses d'exploitation entre les services français et anglais. Une part de 42 % est attribuée côté français, soit un montant de 479 millions de dollars.

---

1. Rapport annuel 2009-2010 du CAC. En 2010, cet organisme détenait des actifs financiers de 261 millions de dollars, dont une part reviendra au Québec souverain.

D'autre part, la SRC offre des services dans tout le Canada, ce qui ne sera pas le cas dans la situation d'un Québec souverain. Actuellement, 9 des 16 installations de Radio-Canada sont situées au Québec, dont son centre nerveux, à Montréal.

Nous devons aussi prendre en compte les revenus, et nous savons que le service français en génère beaucoup plus, proportionnellement, que le service anglais. En 2010, la part de marché de la télévision de la CBC aux heures de grande écoute atteignait moins de 10 %, tandis que son pendant français atteignait près de 20 %[2]. Nous savons également que 40 % du budget d'exploitation du service français provient de revenus autogénérés, essentiellement en provenance du Québec[3]. J'estime ces revenus à 200 millions de dollars. Les revenus provenant en grande majorité du Québec, on comprend que les productions extérieures coûtent beaucoup plus cher. J'estime donc que le Québec souverain devra assumer 70 % des 479 millions de dollars alloués au service français, soit un montant de 335 millions de dollars[4].

Le Musée canadien des droits, qui génère des dépenses de 27 millions de dollars, est situé à Winnipeg. Aucune dépense pour le Québec souverain. Le Musée canadien des civilisations, à Gatineau, coûte 66 millions de dollars. Ses dépenses seront assumées par le Québec souverain. Le Musée canadien de la nature est, lui, situé à Ottawa, le Québec souverain n'assumera donc aucune part des 33 millions dépensés par ce musée.

Situé à Ottawa, le Musée des beaux-arts du Canada dépense 51 millions de dollars. Le Québec souverain n'assumera aucune dépense, ce qui n'empêchera pas ses citoyens de se rendre dans ce splendide édifice pour admirer ses collections. Même chose pour le Musée national des sciences et de la technologie et ses dépenses de 37 millions.

Le Conseil de la radiodiffusion et des télécommunications canadiennes (CRTC) est un organisme qui s'autofinance. Le Québec souverain

---

2. Communiqué du service de presse de la SRC, 22 mars 2010.
3. Site web de la SRC.
4. Ce qui inclut le pendant anglophone. Actuellement, l'essentiel de la programmation anglophone de CBC est produite à partir des installations d'Halifax, de Vancouver et surtout, de Toronto.

aura besoin d'une agence similaire et ses coûts seront nuls dans la mesure où il se financera de la même manière.

Bibliothèque et Archives Canada coûte 124 millions. Le Québec a déjà des archives nationales, mais j'estime qu'il lui faudra assumer environ 5 % de ces dépenses, une somme de 6 millions qui pourra par exemple être consacrée au réseau public de bibliothèques québécoises.

La Société du Centre national des arts, située à Ottawa, génère des dépenses de 35 millions de dollars. Le Québec souverain n'assumera aucune de ses dépenses. Le Québec souverain pourrait assumer la totalité des dépenses de la Commission des champs de bataille, soit 9 millions de dollars. Cela devrait suffire pour enlever les drapeaux canadiens et y substituer des drapeaux du Québec. Quant à l'Office national du film, dont le siège est au Québec, il dépense 70 millions de dollars par année pour produire des œuvres audiovisuelles. Le Québec bénéficie d'un peu moins de 35 % des dépenses de cet organisme, ce qui implique des coûts de 25 millions de dollars après la souveraineté.

Le Québec possède déjà un organisme semblable au Bureau de la coordonnatrice de la situation de la femme, mais le Bureau fédéral, qui dépense en tout 32 millions, distribue des subventions de 20 millions par année. Le Québec souverain assumera sa part de ces transferts. La Commission de la fonction publique a coûté 107 millions de dollars en 2010. Le Québec a déjà ses propres mécanismes de coordination de la fonction publique. Le Québec souverain n'assumera donc aucune de ces dépenses.

Pour ce qui est de la Commission des relations de travail dans la fonction publique, du Tribunal de la dotation de la fonction publique et du Greffe du Tribunal de la protection des fonctionnaires divulgateurs d'actes répréhensibles, le Québec souverain n'assumera aucune de leurs dépenses de 19 millions de dollars. La raison en est que nous avons déjà des mécanismes semblables pour la fonction publique québécoise.

Téléfilm Canada a dépensé 106 millions de dollars, dont 97,2 millions sont distribués dans tout le Canada. Le Québec possède déjà un tel organisme en la SODEC, aussi le Québec souverain se contentera d'assumer sa part des subventions de Téléfilm, soit une somme de 39 millions de dollars.

* * *

Au total, pour le portefeuille de Patrimoine Canadien, le Québec souverain devra assumer des dépenses de 775 millions. Pour ce portefeuille
ministériel, la souveraineté aura un coût net de 106 millions de dollars,
attribuable au maintien des activités de Radio-Canada.

Les avantages de la souveraineté :
- Le Québec maîtrisera entièrement ses programmes de soutien à la
  culture.
- Les Québécois pourront assister aux exploits des athlètes de leurs
  équipes nationales.
- Les Québécois n'auront plus à subir les campagnes de promotion de
  l'identité canadienne.

18 Pêches et Océans

Il existe peu d'illustrations aussi parlantes des avantages de la souveraineté pour le Québec que ce qui se passe dans le golfe du Saint-Laurent, au gisement d'hydrocarbures Old Harry, à quelques encablures des Îles-de-la-Madeleine.

Beaucoup de Madelinots gagnent leur vie à partir de deux activités principales : la pêche et le tourisme, qui dépendent entièrement de la qualité de l'environnement marin et côtier. Un déversement pétrolier dans les eaux environnantes serait véritablement catastrophique, tant pour le tourisme que pour les pêches. Or, les eaux juste au large des Îles sont sous la juridiction d'Ottawa et c'est donc aujourd'hui Stephen Harper qui édicte et fait appliquer les normes environnementales. Autant confier au renard la surveillance du poulailler.

Si les eaux sont fédérales, le sous-sol marin est contesté. Les provinces et le gouvernement fédéral ne s'entendent pas : est-ce une propriété fédérale ou provinciale ? Il s'agit là d'un enjeu crucial, car tant que cette question juridique demeure incertaine, aucun investisseur ne va se lancer dans des dépenses de plusieurs centaines de millions de dollars.

Dans les années 1990, Terre-Neuve et Ottawa ont conclu une entente qui départage les revenus et statue sur toute une série de questions, de façon à lever l'incertitude juridique en mettant entre parenthèses la question de la propriété. C'est ainsi : pour que le Québec puisse un jour exploiter le gisement Old Harry, Ottawa doit acquiescer. Stephen Harper a donc un droit de veto sur l'exploitation d'Old Harry par le Québec.

Depuis quelques années, les négociations étaient dans l'impasse, le gouvernement Charest étant incapable d'arracher une entente à Ottawa. Pendant ce temps, Terre-Neuve en a profité pour accorder des licences d'exploration, puisqu'une petite partie du gisement se trouve sur son territoire et que cette province a déjà conclu une entente avec Ottawa.

C'est ainsi que le Québec se retrouve dans la pire des situations possibles. D'un côté, il ne contrôle ni la définition, ni l'application des normes environnementales d'une éventuelle exploitation pétrolière d'Old Harry, même si c'est son territoire qui risque d'être touché en cas de désastre écologique. De l'autre, il ne peut pas profiter des revenus d'une éventuelle exploitation pétrolière.

Québec a finalement conclu une entente avec Ottawa qui lui donne droit à 100 % des droits de redevances. Cependant, deux problèmes majeurs persistent. D'abord, Terre-Neuve-et-Labrador ne reconnaît pas la frontière maritime avec le Québec et voudrait mettre la main sur Old Harry. Ensuite, le Québec n'a pas obtenu les mêmes conditions que Terre-Neuve, qui s'est vu octroyer des paiements de plusieurs milliards de dollars pour compenser une diminution éventuelle des paiements de péréquation.

Le contraste avec la situation qui prévaudrait dans un Québec souverain est frappant. D'abord, le nouveau pays sera totalement libre d'édicter et d'appliquer les normes environnementales qu'il souhaite. On pourra me faire remarquer que le gouvernement du Québec actuel ne brille pas par sa rigueur environnementale dans le dossier des gaz de schiste. Mais on voit bien, justement, que la population ne l'accepte pas, et que le gouvernement Charest doit sans cesse reculer. Le même phénomène s'applique avec les Madelinots et les Gaspésiens, dont le poids politique est cinq fois plus grand à l'Assemblée nationale qu'à Ottawa.

Ensuite, le Québec souverain sera complètement maître de son territoire et, en conséquence, il bénéficiera non seulement de l'ensemble des redevances liées à l'exploitation d'Old Harry, mais aussi des recettes fiscales. Ici, on ne parle pas de quelques dizaines de millions de dollars comme dans le cas des gaz de schiste. On parle de milliards.

À titre indicatif, à 75 $ le baril, l'exploitation d'Old Harry rapporterait environ 550 millions par année à l'État canadien en seules redevances. Si l'État québécois exploitait lui-même ce gisement, en partenariat avec l'entreprise privée, cela pourrait lui rapporter plus de 4 milliards par année.

Et si, comme plusieurs spécialistes l'affirment, le prix du baril de pétrole atteint d'ici quelques années 200 $, l'exploitation d'Old Harry pourrait rapporter plus de 2 milliards en seules redevances à l'État et 9 milliards par année si l'État en était le producteur. Sur une période de 20 ans, on parle d'une somme totale de 180 milliards de dollars! On voit immédiatement, avec cet exemple, combien la souveraineté du Québec peut rapporter.

Mais il n'y a pas que l'argent, il y a la vie aussi. Le 29 mars 2008, un bateau de pêche des Îles, *L'Acadien II*, a fait naufrage dans des circonstances tragiques, provoquant le décès de quatre marins madelinots.

Depuis cet accident, les enquêtes se sont succédé et les familles des noyés ont intenté des poursuites en cour fédérale contre la Garde côtière et Pêches et Océans Canada. Selon le compte-rendu que faisait *La Presse* du texte de la poursuite, la Garde côtière canadienne aurait commis de nombreuses bévues le soir où le brise-glace *Sir William Alexander* a été envoyé à la rescousse du bateau[1].

Les plaignants soutiennent que des problèmes de communication ont retardé l'arrivée du brise-glace, et que la Garde côtière canadienne n'a pas respecté les directives prévues en permettant aux six membres d'équipage de demeurer à bord du bateau. Finalement, les familles ont souligné que les manœuvres s'étaient déroulées en anglais seulement, alors que l'équipage de *L'Acadien II* était francophone.

Loin de tirer des leçons de cette tragédie, Ottawa a annoncé en juin 2011 que le centre de coordination des opérations de recherche et sauvetage de la Garde côtière à Québec allait être fermé. Les appels de détresse seront traités dorénavant en Nouvelle-Écosse et à Trenton, en Ontario. Trenton! On imagine déjà les problèmes de communication.

La Garde côtière québécoise, celle d'un Québec souverain, fonctionnera en français ou, si la situation l'exige, en anglais puisque la grande majorité des officiers québécois de la Garde côtière, sinon la totalité, parlent les deux langues.

La garde côtière canadienne (GCC) a coûté 736 millions de dollars en 2010. Pour évaluer la part du Québec de ces dépenses, j'ai analysé la distribution géographique des équipements. Le Québec héberge 20 % des grands navires, 15 % des petits navires et 13 % des unités de recherche et

---

1. *La Presse* (Presse canadienne), 23 novembre 2009.

sauvetage (SAR). Par ailleurs, 17 % des employés maritimes de la GCC sont en poste au Québec, mais seulement 11 % des *jours opérationnels de sauvetage* ont eu lieu sur son territoire.

Il me semble donc que pour maintenir les opérations actuelles, le Québec souverain devra assumer au maximum 17 % des dépenses de la GCC, soit un montant de 125 millions de dollars, dont 41 millions en dépenses de capital.

Le Québec pourra affecter sa part des dépenses de la Marine canadienne à la Garde côtière québécoise pour assumer le contrôle de ses eaux territoriales et établir à Gaspé et aux Îles des bases secondaires, ce qui aura pour effet de stimuler les économies de ces deux régions. Autre avantage de la souveraineté : l'entretien et la construction des navires seront effectués dans les chantiers maritimes québécois.

Finalement, le Québec souverain héritera de revenus de la GCC, puisqu'une part importante de ces 53 millions de dollars est en fait perçue au Québec, dans le Saint-Laurent. Le Québec souverain pourra aussi choisir d'abolir les frais de déglaçage imposés aux navires qui empruntent la Voie maritime du Saint-Laurent, considérant qu'ils nuisent à la compétitivité de notre autoroute bleue.

Quant au ministère lui-même, il est à l'origine de dépenses de 1,245 milliard de dollars, dont 1,132 milliard pour les dépenses de fonctionnement. Pour évaluer la part du Québec de ces dépenses, nous devons prendre en compte le fait que le gouvernement du Québec possède déjà une capacité en matière de pêche au sein de son ministère de l'Agriculture, ce qui permettra des économies. Nous savons aussi que la valeur totale des débarquements de la pêche commerciale au Canada en 2008 (les dernières données disponibles) a atteint 1,89 milliard de dollars, dont 142 millions au Québec. C'est donc dire que le Québec compte pour 7,5 % de cette industrie. Considérant les économies administratives liées à l'élimination des chevauchements, j'évalue la part du Québec des dépenses de fonctionnement à 7 %, soit 79 millions de dollars, dont 12 millions en dépenses de capital.

Des dépenses en biens et services de 299 millions, une somme de 29 millions de dollars a bénéficié au Québec, soit 9,7 %. Les paiements de transfert ont atteint, en 2010, 112 millions de dollars, dont 10 millions pour le Québec, soit une part de 8,9 %.

* * *

Au total, pour le portefeuille de Pêches et Océans, le Québec souverain assumera des dépenses de 214 millions.

Les avantages de la souveraineté, en plus des économies de 172 millions de dollars :

- Le Québec maîtrisera entièrement la définition et l'application des normes environnementales sur son territoire, y compris dans le golfe du Saint-Laurent.
- Les Québécois bénéficieront de l'ensemble des revenus tirés de l'exploitation de leurs ressources naturelles, ce qui pourrait bien représenter des revenus annuels de plusieurs milliards de dollars.
- Les Québécois n'auront plus à craindre l'unilinguisme des équipages de la Garde côtière dans les situations d'urgence.

19 Ressources humaines et Développement des compétences

Voilà un intitulé qui semble bien étrange pour un ministère. En réalité, c'est une tentative bien malhabile de camoufler les intrusions fédérales dans les compétences exclusives du Québec et des provinces en affaires sociales. RHDC, c'est la grande machine à chevauchements d'Ottawa.

Apprentissage, compétences et emploi, travail, sécurité du revenu et développement social : voilà énumérées, les activités de programme de ce ministère qui empiètent sur le terrain du Québec. On dépasse de très loin les compétences du gouvernement fédéral prévues à la Constitution.

On ne sera donc pas étonné d'apprendre que le sous-ministre qui dirige cette vaste machine à chevauchements a commencé sa carrière comme «secrétaire adjoint du Cabinet à la Direction générale de la politique sociale et des programmes au Bureau des relations fédérales-provinciales du Bureau du Conseil privé». Ouf! Résumons dans un langage clair : le sous-ministre actuel de RHDC, Ian Shugart, coordonnait alors les intrusions fédérales dans les compétences exclusives du Québec en matières sociales.

Il faut souligner d'entrée de jeu que ce mammouth préside à des dépenses de 66,5 milliards de dollars, de loin le poste le plus important du gouvernement fédéral. À lui seul, le programme de sécurité du revenu des personnes âgées a coûté 34,653 milliards, tandis que la prestation universelle pour la garde d'enfants en a coûté 2,594. Ces dépenses sont comptabilisées dans le tableau 3.7[1], qui porte sur les grands transferts.

En plus de ces dépenses, le ministère est également responsable du programme d'assurance-emploi, qui fonctionne à partir d'un «compte à fin déterminée». En 2010, ces prestations d'assurance-emploi ont atteint 21,6 milliards de dollars.

---

1. Volume 1, Section 3.

En analysant les autres dépenses de RHDC, nous avons dénombré pas moins de quarante programmes de transfert différents. On voit très vite que, non content de multiplier les chevauchements avec le Québec et les autres provinces, le gouvernement fédéral parvient à se chevaucher lui-même! Difficile en effet de distinguer le *Développement des compétences* des *Compétences* tout court, non? Et comment développe-t-on nos compétences si ce n'est grâce à l'*Apprentissage*?

Quels types de programmes ce ministère offre-t-il, au juste? Attachez solidement vos tuques, chers lecteurs:

> Contributions aux gouvernements provinciaux et territoriaux, conseils de bande ou de tribu (SIC), afin d'accroître la compétitivité et la productivité des milieux de travail en favorisant l'investissement dans les compétences de même que la reconnaissance et l'utilisation des compétences.

> 54 millions de dollars

> Paiements aux provinces, territoires, municipalités, autres organismes publics, organisations afin de pourvoir à la formation ou à l'expérience de travail, à la mobilisation des ressources communautaires et aux mesures de planification et d'adaptation des ressources humaines nécessaires au fonctionnement efficace du marché du travail canadien.

> 566 millions de dollars

En y mettant la meilleure volonté, je n'arrive pas à comprendre clairement l'objet de ces programmes aux titres byzantins. Par contre, les chiffres étant des chiffres, j'ai pu compter la part du Québec de ces transferts, qui totalisent 3,439 milliards de dollars: 516 millions, dont 297 directement envoyés au gouvernement du Québec, qui administre donc lui-même les programmes idoines. Le Québec souverain devra donc assumer la différence: une somme supplémentaire de 219 millions de dollars.

Cela s'explique en particulier par des programmes d'aide financière aux étudiants qui ont coûté 1,363 milliard de dollars en 2010, dont seulement 139 millions sont revenus au Québec, soit à peine 10 % du total.

Une grande partie de cette somme est consacrée aux paiements pour les Bons d'étude du Régime enregistré d'épargne étude (REEE), un régime beaucoup moins important pour les familles québécoises qu'il ne l'est pour les familles canadiennes à cause des frais de scolarité beaucoup moins élevés chez nous. Cela a aussi pour conséquence que les étudiants canadiens ont besoin de prêts et de bourses beaucoup plus importants. Conclusion : en choisissant de garder les frais de scolarité à un niveau bas, les Québécois se retrouvent à financer, par la fiscalité, une partie des programmes d'aide financière aux étudiants et aux familles du Canada.

Les dépenses de fonctionnement de 3,113 milliards de dollars de ce ministère sont énormes. Cela ne se voit pas trop au net, car le mastodonte pige allègrement dans la caisse d'assurance-emploi : en 2010, le ministère a récolté 1,747 milliard à même les cotisations. La part des dépenses nettes de fonctionnement (1,127 milliard) devant être assumées par un Québec souverain sera très réduite, car son gouvernement administre déjà la plus grande partie des fonctions de ce ministère. C'est le cas pour l'emploi, la formation de la main-d'œuvre et l'aide financière aux étudiants. Quant à l'administration du programme d'assurance-emploi, nous avons vu que ce dernier s'autofinançait très largement.

La seule fonction nouvelle du Québec souverain sera celle de l'administration des programmes de sécurité du revenu qui, au net, ne coûte que 12 millions de dollars. J'estime donc la part du Québec dans ces dépenses administratives à 5 % maximum du total, soit 56 millions de dollars.

Organismes

Le Conseil canadien des relations industrielles, qui a dépensé 13 millions de dollars, a déjà son équivalent au Québec : aucune dépense pour le nouvel État souverain.

La Société canadienne d'hypothèque et de logement, qui a généré des dépenses de 3,028 milliards en 2010, toutes en fonctionnement, n'est pas très transparente. Il est presque impossible de déterminer avec précision la part de ces dépenses que le Québec souverain devrait assumer. Il faut noter d'abord qu'il y a des chevauchements administratifs entre la SCHL et la Société d'habitation du Québec (SHQ), dont plusieurs

fonctions sont similaires. Les dépenses de la SCHL se divisent en cinq catégories :
- aide au logement : 1,618 milliard ;
- logement dans les réserves : 207 millions ;
- rénovation domiciliaire : 672 millions ;
- logement abordable : 473 millions ;
- autres : 54 millions.

Pour ce qui est de l'aide au logement, à défaut d'autres indicateurs, j'appliquerai la part économique du Québec, 19,5 %, ce qui donne une somme de 316 millions. Pour les réserves, j'applique notre part de 10 % de la population autochtone canadienne pour arriver à une somme de 21 millions. Pour la rénovation domiciliaire, notre part économique me fait cette fois aboutir à 131 millions. Pour le logement abordable, notre part démographique est la proportion la plus logique : j'obtiens 109 millions. Finalement, pour ce qui est des autres programmes, j'utilise à nouveau notre part économique pour en arriver à un montant de 11 millions de dollars.

En tout, le Québec souverain devrait, selon ces calculs, assumer des dépenses de 588 millions pour reprendre les activités de la SCHL. En raison des chevauchements administratifs et des économies qui en découlent, mais aussi parce que l'immobilier est bien moins cher au Québec, je retranche 20 % de cette somme, ce qui donne un montant total de 470 millions de dollars.

Par ailleurs, le ministère dépense une somme très importante de 533 millions pour les achats de biens et services. La part dépensée au Québec atteint à peine 12 %, soit 65 millions de dollars.

* * *

Au total, pour le portefeuille de RHDC, le Québec souverain assumera des dépenses de 716 millions de dollars.

Les avantages de la souveraineté, en plus des économies de 472 millions de dollars :
• Le Québec maîtrisera entièrement son programme d'assurance-emploi, ce qui lui permettrait de lancer une vaste opération de

formation de la main-d'œuvre, gage d'un enrichissement collectif et individuel et d'une baisse structurelle du chômage.

• Les Québécois cesseront d'être pénalisés à cause de leurs choix socio-politiques, comme c'est le cas pour les frais de scolarité.

• Nous pourrons éliminer une panoplie de chevauchements adminis-tratifs synonymes de gaspillage et d'inefficacité.

20 Ressources naturelles

La première chose qui frappe l'internaute qui visite le site web de ce ministère, c'est un vibrant plaidoyer en faveur du développement durable. Ressources naturelles Canada, NRC pour les intimes, préside à l'octroi de dépenses de 4,5 milliards de dollars. Les environnementalistes ne pourront que se réjouir de voir une somme si importante consacrée au développement durable… Mais un examen sommaire des dépenses du ministère les fera vite déchanter. En effet, les priorités de NRC sont très claires : le pétrole, le nucléaire et le gaz (fig. 7).

Il y a d'abord les 842 millions de dollars versés à Énergie atomique du Canada limitée (EACL) et les 144 millions de la Commission pour la sureté nucléaire. Total : 986 millions pour le nucléaire. On ajoute le 1,763 milliard versé à Terre-Neuve et à la Nouvelle-Écosse pour le pétrole et le gaz offshore, 56 millions pour l'Office national de l'énergie[1] et 0,6 million pour l'Administration du Pipeline du Nord. Total : 1,82 milliard pour les hydrocarbures.

Le ministère prétend tout de même dépenser 669 millions de dollars pour l'énergie propre, mais il vaudrait mieux ne pas le croire sur parole… Ainsi, sur cette somme, 178 millions sont consacrés aux biocarburants, essentiellement l'éthanol-grains, un carburant dont on sait qu'il est bien loin d'être «propre». Parmi les bénéficiaires de ces transferts, deux pétrolières, Husky Oil et Suncor, récoltent à elles seules 54 millions de dollars.

Il y a aussi un programme appelé «Fonds d'énergie propre», qui permet à Hydro-Québec de toucher 0,9 million et à Shell Canada d'encaisser 24 millions! Un autre programme, «ÉcoÉNERGIE sur la

---

1. L'ONE a pour mandat de réglementer les aspects internationaux et interprovinciaux des secteurs du pétrole, du gaz et de l'électricité. En réalité, cet organisme œuvre essentiellement dans le domaine des hydrocarbures et des pipe-lines. Selon le rapport de vérification des états financiers, l'ONE a consacré 91% de ses ressources au pétrole et au gaz en 2010.

technologie», finance quant à lui des entreprises albertaines comme Husky Oil à hauteur de 25 millions de dollars.

À la fin de la liste, on trouve les ressources forestières qui, par le biais d'une dizaine de programmes recueillent 140 millions de dollars, soit 3 % du total. De cette somme, 9 millions vont directement en Colombie-Britannique pour répondre à la crise causée par un insecte ravageur, le dendoctrone du pin, tandis que la plus grosse part du gâteau est destinée à l'industrie des pâtes et papiers, qui reçoit 49 millions de dollars.

Figure 7

Dépenses de RNC, 2010

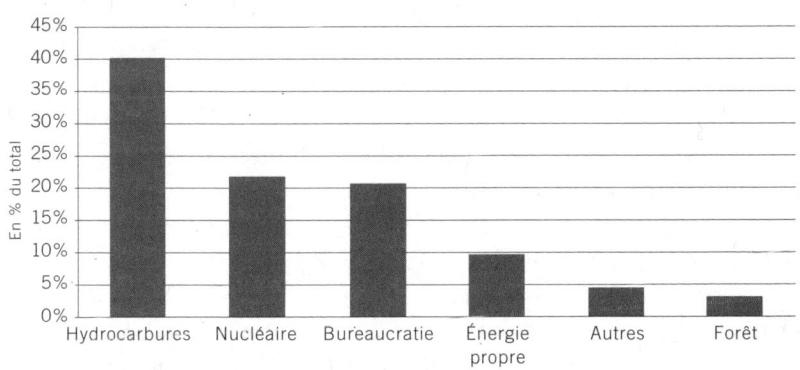

À voir les priorités de ce ministère qui concentre massivement ses dépenses dans des ressources présentes en Atlantique, dans l'Ouest et en Ontario (les territoires du nucléaire et du pétrole), on pourrait s'étonner d'apprendre que le ministre responsable en 2010 n'était nul autre que le lieutenant politique de Stephen Harper pour le Québec, Christian Paradis[2]. On ne l'accusera pas de favoriser les siens...

Des transferts totaux de 2,545 milliards de dollars de son ministère, le «ministre le plus puissant du Québec» a fait aboutir un total de 144 millions dans sa province d'origine, soit moins de 6 %. Quelle puissance !

2. Il est maintenant ministre de l'Industrie.

J'ai aussi examiné la part du Québec des dépenses de 321 millions en biens et services du ministère: elle s'élève à 8,1 % du total. Pour ce qui est des dépenses de fonctionnement, il faut souligner que le Québec dispose déjà d'un ministère des Ressources naturelles, ce qui implique de nombreux chevauchements administratifs.

Ainsi, des 946 millions de dépenses de fonctionnement, 298 millions sont consacrés aux services administratifs généraux du ministère fédéral. Une proportion d'un maximum de 5 % de ces dépenses devrait, à mon avis, être assumée par le Québec souverain, soit une somme de 15 millions de dollars.

Des 648 millions restants, une somme de 209 millions est consacrée aux «Possibilités économiques pour les ressources naturelles», dont une grande part est dédiée aux ressources en hydrocarbures, absentes du Québec. Là encore, on voit mal comment le Québec souverain pourrait assumer plus de 5 % de ces dépenses, soit 10 millions de dollars.

Le ministère consacre 146 millions aux dépenses de fonctionnement du secteur «énergies propres», mais on a vu que le Québec recevait la portion congrue des transferts en question. Le Québec souverain n'aurait pas grand-chose à gagner à perpétuer ces dépenses au-delà de 5 %, soit une somme de 7 millions de dollars.

Reste les 293 millions consacrés aux écosystèmes, à l'adaptation aux changements climatiques et à deux autres programmes mineurs. Le Québec souverain pourra utiliser à bon escient une partie de ces sommes, sa part économique, ce qui nous fait une somme de 58 millions de dollars. En tout, des dépenses de fonctionnement du ministère, le Québec souverain assumera donc une part de 90 millions de dollars.

Organismes

Énergie atomique du Canada Ltée est une entreprise qui appartenait en 2010 au gouvernement du Canada[3]. Elle a reçu un total de 842 millions de dollars de fonds publics, entièrement dévolus à ses frais de fonction-

---

3. Le 29 juin 2011, trois secteurs d'activité d'EACL ont été vendus à SNC pour la somme de 15 millions de dollars. Notons que le gouvernement fédéral avait injecté 1,5 milliard dans la société au cours des cinq dernières années.

nement. En plus d'être responsable de certains réacteurs de recherche, EACL a surtout pour objectif de produire une technologie nucléaire vouée soit à l'exportation internationale, soit à l'Ontario, qui s'apprête à renouveler son parc de réacteurs.

Il est difficile d'évaluer la part du Québec dans cette entreprise, étant donné que la répartition géographique de ses dépenses demeure obscure. Nous savons toutefois que le Québec dispose d'un réacteur nucléaire de production, exploité par Hydro-Québec, sur un total de 18 au Canada : 16 en Ontario et un au Nouveau-Brunswick. Le siège social d'EACL est situé à Mississauga, en Ontario, et ses deux laboratoires se trouvent à Chalk River, en Ontario, et à Whiteshell, au Manitoba. On voit mal pourquoi le Québec souverain devrait assumer quelque part que ce soit des dépenses d'EACL, puisqu'Hydro-Québec est entièrement responsable des opérations du seul réacteur nucléaire.

Ce qui est sûr, c'est qu'en demeurant au sein du Canada, le Québec devra payer le gros prix pour disposer des déchets nucléaires de l'Ontario. Il est difficile d'obtenir du gouvernement une évaluation de ces coûts. Les estimations existantes vont de 6 à 60 milliards de dollars. Pour le moment, sauf pour les deux réacteurs fédéraux de Chalk River, ce sont les provinces qui assument ces coûts. Mais pour qui connaît un tant soit peu le gouvernement fédéral, il ne fait aucun doute qu'Ottawa – et donc nous-mêmes – reprendra à son compte une bonne partie de la facture. Après tout, les subventions fédérales au nucléaire ont atteint, selon le Sierra Club du Canada, au moins 17 milliards de dollars sur 50 ans.

La Commission canadienne de la sûreté nucléaire a coûté 138 millions de dollars en 2010. Le Québec comptant 5,6 % des centrales de production du Canada, nous pouvons évaluer la part de ses dépenses sur cette base. Toutefois, il en coûtera sans doute davantage au Québec souverain pour créer et maintenir l'expertise nécessaire pour accomplir ces tâches de surveillance. J'estime donc plutôt qu'il faudra assumer 10 % des dépenses de la commission, soit 14 millions de dollars.

Le Québec a déjà un organisme très semblable à l'Office national de l'énergie (la Régie de l'énergie) et aucune part des dépenses de l'ONE n'aura à être assumée par le Québec souverain. L'Administration du

Pipeline du Nord a dépensé 0,6 million de dollars en 2010 pour des opérations sans aucun lien avec le Québec.

* * *

Au total, pour le portefeuille de RNC, le Québec souverain devra assumer des dépenses de 250 millions.

Les avantages de la souveraineté, en plus des économies de 633 millions de dollars :
- Le Québec pourra consacrer ses ressources financières aux secteurs économiques présents sur son territoire, plutôt que de financer les industries des hydrocarbures et du nucléaire.
- Le Québec pourra mettre en œuvre des politiques visant à réduire sa dépendance au pétrole.
- Le Québec ne sera plus soumis aux risques financiers liés aux déchets nucléaires produits chaque année par les 16 réacteurs nucléaires en Ontario.

21 Santé Canada

La hausse des coûts de santé est une réalité qui existe partout dans le monde occidental, une sorte de fatalité née de la conjonction du vieillissement de la population, des nouvelles technologies médicales coûteuses et de la prescription de médicaments toujours plus chers.

Le Québec n'échappe pas à la tendance, les dépenses du gouvernement en santé ayant doublé depuis 1998[1]. S'il y a une consolation, c'est que cette hausse a été beaucoup mieux contenue qu'ailleurs au Canada, où la hausse moyenne fut de 130 % durant la même période. Ces hausses sont importantes, mais elles se comprennent. Là où la situation paraît franchement inadmissible, c'est à Santé Canada (fig. 8), où les dépenses ont crû de 202 % !

Figure 8

Hausse des dépenses publiques de santé, 1998-2010

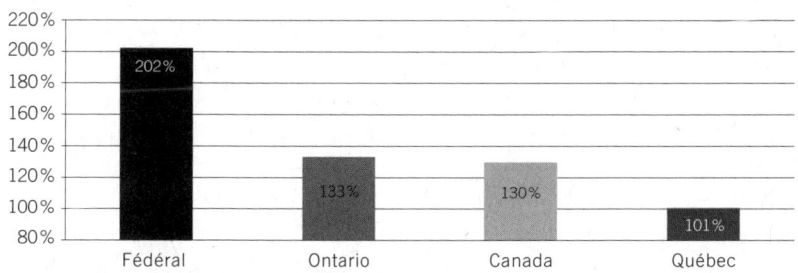

Cette explosion des coûts ne s'explique pas par des services accrus en soins de santé. Les seules populations que Santé Canada dessert, ce sont les nations autochtones. Or, dans cette catégorie de dépenses, la hausse a atteint 138 %, ce qui reste aux environs de la moyenne canadienne. Il faut plutôt chercher du côté de la bureaucratie fédérale pour

1. Les chiffres qui suivent sont tirés, pour les provinces, de l'Institut canadien d'information sur la santé, et pour le gouvernement fédéral, des Comptes publics du Canada 2010.

trouver la source de l'hémorragie: les dépenses de fonctionnement de Santé Canada ont augmenté de 198 %.

Non seulement la bureaucratie de ce ministère gonfle-t-elle à vue d'œil, mais les chevauchements administratifs avec le Québec se multiplient sans cesse, ce qui implique un gaspillage ahurissant. Le Québec souverain pourra économiser des dizaines de millions simplement en éliminant ces doublons.

Le portefeuille de Santé Canada a généré des dépenses de 5,697 milliards de dollars en 2010, dont 2,871 milliards en frais de fonctionnement. Le pire, c'est que, des dépenses de 591 millions de dollars en biens et services, à peine 3 % prennent le chemin du Québec, un manque à gagner de près de 100 millions pour notre économie.

Sur des transferts totaux de 2,765 milliards, la part du Québec s'est élevée à 413 millions, soit une proportion de 14,9 %. La majeure partie de ces transferts est le fait de subventions de recherche en santé.

Les 2,109 milliards de dépenses de fonctionnement du ministère lui-même sont en majeure partie alloués à des fonctions administratives qui sont présentes au sein du ministère québécois de la Santé. Le seul domaine qui occasionnera un volume supplémentaire de dépenses pour le Québec souverain est celui des autochtones, à l'origine de dépenses de fonctionnement de 1,2 milliard de dollars. Le Québec compte pour moins de 10 % des besoins des autocthones.

Il y a par ailleurs des fonctions propres au gouvernement fédéral, comme la réglementation des pesticides (47 millions) et les affaires internationales de santé (4 millions), dont le Québec souverain devra assumer une part des coûts.

Pour ce qui est du contrôle des médicaments, il n'est pas inintéressant de noter qu'il est en partie financé par les grandes compagnies pharmaceutiques (eh oui!). Le Québec souverain pourra accomplir cette tâche à moindre coût en faisant la synthèse des données et des décisions des agences canadienne, européennes et américaine d'approbation des médicaments.

Quant à l'homologation des produits de santé naturelle, le ministère n'a toujours pas abouti à une conclusion après des années et des millions dépensés. Là encore, le Québec souverain pourra agir beaucoup plus rapidement et à bien moindre coût en s'inspirant de ce qui se fait ailleurs pour établir sa réglementation.

On voit donc mal comment le Québec souverain aurait à assumer plus de 5 % des dépenses de fonctionnement de ce ministère. Mais pour être prudent, disons qu'il assumera une part de 7,5 %, soit un montant de 158 millions de dollars.

Organismes

L'Agence canadienne de contrôle de la procréation assistée a dépensé 5 millions de dollars. Le Québec finance le recours à de telles procédures et le ministère de la Santé d'un Québec souverain pourra veiller à leur contrôle sans frais supplémentaire.

Instituts de recherche en santé du Canada (IRSC), qui a dépensé 984 millions de dollars en 2010, est essentiellement un organisme subventionnaire, puisqu'il a versé des transferts de 929 millions de dollars. Le Québec s'est vu attribuer une somme de 210 millions de dollars, soit 22,7 % du total. Il s'agit d'une faible proportion, si l'on tient compte de la force du Québec dans les sciences de la santé[2]. Pour ce qui est des 55 millions de dollars dépensés en frais de fonctionnement, le Québec souverain pourra simplement en transférer les octrois au sein de programmes de subvention de recherche existants et ainsi économiser des millions en dépenses administratives. Toutefois, pour traiter le volume supplémentaire de demandes, le Québec souverain devra à mon avis assumer une part de 5 %, soit 3 millions de dollars.

L'Agence de santé publique du Canada a dépensé 944 millions de dollars en 2010, dont 687 millions pour son fonctionnement et 14 millions de dépenses en capital. Des 243 millions de transferts effectués, le Québec n'a reçu que 20 millions. Pour le reste, cette agence créée récemment est en parfait chevauchement avec Santé publique du Québec, mais elle est dotée de moyens technologiques qui font l'envie de la plupart des pays du monde. Des 701 millions de dépenses de fonctionnement et en capital, le Québec souverain pourrait assumer une part de 10 % pour s'offrir un système à la fine pointe : une somme de 70 millions de dollars.

---

2. Quand les organismes de subvention octroient les fonds de recherche sur la base de jurys de pairs, le Québec parvient habituellement à obtenir autour de 30 % du total canadien.

* * *

Au total, pour le portefeuille de Santé Canada, le Québec souverain assumera des dépenses de 654 millions.

Les avantages de la souveraineté, en plus des économies de 449 millions de dollars :
- Le Québec souverain pourra consacrer ses ressources aux services de santé plutôt qu'à la bureaucratie boursouflée de Santé Canada.
- Le Québec pourra subventionner les recherches en santé qui correspondent à ses choix et priorités.

22 Sécurité publique

Depuis les attentats du 11 septembre, les mesures de sécurité se sont multipliées aux frontières, dans les aéroports, dans les rencontres internationales et *tutti quanti*. Nous avons tous goûté aux longues attentes, aux fouilles et à tous les autres désagréments qui s'ensuivent. De plus, des frais de 15 dollars pour financer l'Administration canadienne de la sûreté du transport aérien s'ajoutent maintenant à toutes les taxes et autres frais, ce qui en vient à doubler le prix des billets d'avion.

Combien nous savons moins, c'est cette sécurité nous coûte. Au Canada, les dépenses fédérales liées à la sécurité ont explosé, sans mauvais jeu de mots. La bureaucratie fédérale, en particulier, s'en est donné à cœur joie. En 1998, la bureaucratie du ministère chargé de la sécurité au Canada coûtait 72 millions de dollars. En 2010, elle a atteint 396 millions, une augmentation de 450 %! La bureaucratie a plus que quadruplé en 12 ans.

Les Douanes et les Services frontaliers ne sont pas en reste, avec des dépenses en hausse de 299 %, passant de 411 millions à 1,641 milliard ; les dépenses de la GRC ont augmenté de plus de 2 milliards de dollars, une hausse de 156 % ; et le coût du système correctionnel a augmenté de 93 %, même si la criminalité a diminué pendant la même période.

Et il y a nos espions canadiens qui sont de plus en plus prospères. En 1998, le Service canadien de renseignement de sécurité nous coûtait 168 millions de dollars par année. Douze ans plus tard, nos services secrets nous coûtent 513 millions, une augmentation de 205 %. En fait, les effectifs des services secrets augmentent si vite que l'édifice pourtant récent (1995) qui abrite son quartier général ne leur suffit déjà plus. Il faudra donc ajouter les coûts de construction d'un nouvel édifice : 70 millions de dollars.

En tout, l'appareil sécuritaire du Canada, qui coûtait 3,1 milliards en 1998, a maintenant un coût annuel de 8,2 milliards, soit deux fois et demie de plus. Vous sentez-vous deux fois et demie plus en sécurité ? C'est une question de priorités. Car voyez-vous, pendant la même période de 12 ans, les dépenses du Québec en éducation ont augmenté de 63 % (fig. 9).

Figure 9

Hausse des dépenses fédérales en sécurité, 1998-2010

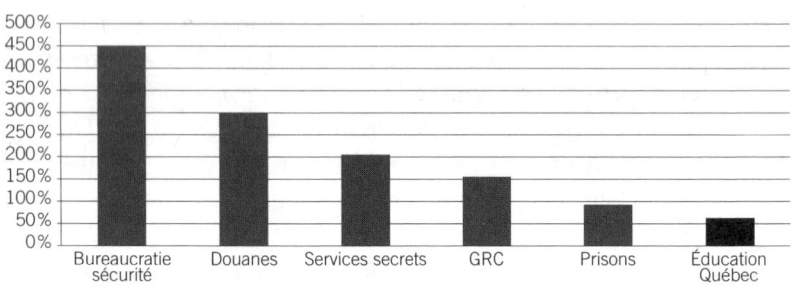

Autrefois, les ténors fédéralistes, et Jean Chrétien au premier chef, aimaient à faire peur aux personnes âgées en prédisant qu'avec la souveraineté du Québec, ç'en serait fini des pensions de vieillesse. Après les pensions, les prisons ? Il me semble entendre un Stephen Harper sonner l'alarme : « Les séparatistes vont fermer les prisons et les bandits vont rôder par milliers autour des maisons de retraite. Tremblez, braves gens ! »

Et puis, il faut bien des prisons pour accueillir les amis du Parti libéral des commandites ou de « l'industrie de la corruption », comme dit Jean Charest, heureux auteur de lapsus en série.

Blague à part, le Québec souverain sera responsable de sa propre sécurité. Il devra se doter de services de renseignement, de douanes et de surveillance frontalière. Pour le reste, prisons, police et compagnie, il nous suffira d'étendre ce que le gouvernement du Québec accomplit déjà.

Le vaste portefeuille ministériel de la Sécurité publique génère des dépenses de 8,187 milliards de dollars, dont 7,293 en frais de fonctionnement. Sur des transferts de 364 millions, la part du Québec s'est élevée à 12,6 % en 2010, pour un montant de 46 millions de dollars. Quant aux dépenses en biens et services de 1,385 milliard, la part du Québec a été d'un maigre 9,1 %, soit 126 millions de dollars.

Le ministère lui-même multiplie les chevauchements administratifs avec le gouvernement du Québec, qui a déjà un ministère responsable de la sécurité publique et de la protection civile. La plus grande part de ses dépenses de fonctionnement est consacrée aux services administratifs (61 millions) et à la gestion des mesures d'urgence (46 millions), deux fonctions déjà assumées par le Québec. En outre, tous les autres organismes ont déjà leur propre bureaucratie, de sorte que le gouvernement fédéral se chevauche lui-même, ce qui crée trois niveaux de confusions possibles, une situation peu rassurante quand il s'agit de sécurité.

Le Québec pourra faire des économies en éliminant tous ces chevauchements. Tout cela pris en compte nous amène à évaluer la part du Québec souverain des dépenses de fonctionnement du ministère à 5 % du total au maximum, soit un montant de 8 millions de dollars.

Organismes

L'Agence des services frontaliers a été créée en 2003 à la suite des événements du 11 septembre. Elle regroupe certaines fonctions de Citoyenneté et Immigration Canada, de l'ancienne Agence des douanes et du revenu du Canada et de l'Agence canadienne d'inspection des aliments. En 2010, elle a généré des dépenses de 1,641 milliard de dollars, dont 1,608 en fonctionnement.

Il y a plusieurs façons d'évaluer la part du Québec des dépenses de cette agence. La plus fiable me semble de répertorier la part du Québec de ses 1 200 points de service. On en dénombre 122, soit 10 %. Les points de services de loin les plus achalandés sont situés en Ontario et plus précisément à l'Aéroport international Pearson, ainsi qu'aux postes frontaliers du sud de la province. Par exemple, en 2009, 14 % des passagers aériens transfrontaliers sont passés par le Québec, alors que 43 % sont passés par l'Ontario, une conséquence de la concentration du transport aérien à Toronto.

Pour ce qui est du contrôle des frontières maritimes, on comprend au premier coup d'œil jeté sur une carte que ce sont les provinces atlantiques et la Colombie-Britannique, ainsi que les provinces bordées par les Grands Lacs qui demandent le plus gros de l'effort.

Cette agence ne comporte pratiquement aucun chevauchement administratif avec le gouvernement du Québec et il y a donc peu d'économies à réaliser de ce côté. En outre, il faudra créer ce service de toutes pièces. Cependant, comme on l'a vu plus haut, les dépenses ont augmenté de 299 % en 12 ans, ce qui est proprement délirant.

Le Québec accueille donc 10 % des points de service, 14 % des passagers aériens internationaux et il est le destinataire de 8,9 % des dépenses en biens et services de l'agence, qui sont en hausse exponentielle. Tout cela pris en compte m'amène à évaluer que le Québec souverain aura à assumer au maximum 10 % des dépenses de 1,641 milliard de cette agence, une somme de 164 millions de dollars.

Le Service canadien de renseignement de sécurité (SCRS) est entouré d'un épais brouillard. C'est que, de par leur nature même, il est difficile d'obtenir des informations précises sur les services secrets. Selon les Comptes publics, le SCRS a généré des dépenses de 513 millions de dollars en 2010.

Pour calculer ce que coûtera au Québec souverain l'établissement d'une agence de renseignement, nous pouvons utiliser le ratio de sa population, soit 23,3 %. Il faut cependant noter que la Sûreté du Québec possède déjà un service de renseignement. De plus, les dépenses de cette agence ont grimpé en flèche (205 %) depuis 12 ans, ce qui me semble, ici encore, nettement exagéré. J'estime donc à 15 % du total canadien les dépenses que devra encourir un Québec souverain pour créer sa propre agence de renseignement, soit une somme de 77 millions de dollars.

Le Service correctionnel Canada (SCC) a été à l'origine de dépenses de 2,265 milliards de dollars en 2010, dont 2,063 milliards pour son fonctionnement.

Pour évaluer la part du Québec, plusieurs mesures sont envisageables, par exemple, le nombre d'établissements carcéraux au Québec par rapport au total canadien, soit 13 sur 54 (24 %). Nous pouvons également comparer les taux d'incarcération. En 2010, il y avait au Québec 72 détenus pour 100 000 habitants, ce qui se compare à 140 pour 100 000 au Canada. Seulement 12 % des détenus canadiens sont originaires du Québec. Mais ces deux indicateurs ne tiennent pas compte des besoins, qui sont fonction du nombre de crimes commis passibles de peines d'emprisonnement de plus de deux ans purgées dans les établissements fédéraux. Les habitants du Québec sont à l'origine de 18,2 % des crimes de ce type. Je retiendrai ce dernier indicateur.

De plus, on a vu que le Canada a multiplié, depuis quelques années, les lois et les amendements législatifs qui font en sorte que de plus en plus de gens se retrouveront de plus en plus longtemps derrière les barreaux. Le Québec souverain adoptera sans doute une approche différente, fondée sur la raison et l'efficacité, ce qui réduira la croissance des dépenses du service correctionnel. De même, le vieillissement de la population, plus prononcé au Québec qu'ailleurs, devrait faire diminuer le nombre de crimes commis et donc, les dépenses carcérales.

Finalement, il faut noter que les fonctions administratives du SCC, qui sont de 369 millions, recoupent celles des services correctionnels du Québec. Il y a donc des économies à réaliser en éliminant les chevauchements. D'autant que ces dépenses purement bureaucratiques ont augmenté de 182 % en 12 ans! On peut donc estimer que le Québec souverain devra assumer au maximum 10 % de ces dépenses administratives, soit 37 millions de dollars.

Quant au reste des dépenses, soit 1,896 milliard, le Québec souverain devrait en assumer 18,2 % – la proportion de crimes passibles d'incarcération –, soit 345 millions de dollars. En tout, donc, le Québec devra assumer des dépenses de 382 millions de dollars au titre des services correctionnels.

La Commission de libération conditionnelle a généré des dépenses de 47 millions de dollars en 2010. Pour calculer la part du Québec, je reprends le ratio de 18,2 % en l'appliquant au budget de la commission, pour obtenir 9 millions. Le Bureau de l'enquêteur correctionnel est, lui, doté d'un budget de 4 millions de dollars. Le Québec a déjà les mécanismes qu'il lui faut.

La Gendarmerie royale du Canada a coûté 3,312 milliards de dollars, dont l'essentiel, soit 2,942 milliards, a été dépensé pour son fonctionnement. Ses services administratifs internes coûtent 645 millions de dollars, un poste de dépense où les chevauchements avec le Québec sont très nombreux. De plus, une bonne partie des fonctions de la GRC – les services de police communautaires, contractuels et autochtones – n'a presque rien à voir avec le Québec. Les fonctions techniques et administratives se dédoublent et la grande majorité des effectifs de la GRC n'est pas établie au Québec : la police montée a 17 détachements au Québec sur un total de 750 au Canada. J'estime donc que de ces 645 millions de dépenses administratives de fonctionnement, le Québec souverain n'aura à assumer qu'un maximum de 5 %, soit 32 millions de dollars.

Les opérations fédérales et internationales de la GRC accaparent 614 millions de dollars. On parle ici des services de «protection, d'enquête, d'application de la loi et de police» offerts «au gouvernement fédéral, à ses ministères et organismes et aux Canadiens». Ces opérations empiètent en partie sur le travail de la SQ au Québec, à l'exception notable des services internationaux. Le Québec souverain devrait en assumer une part qui reflète son poids démographique, mais en tenant compte des économies réalisables par l'élimination des doublons, j'évalue la part du Québec souverain à 20 % du total, soit une somme de 123 millions de dollars.

Les services de police communautaire, contractuels et autochtones génèrent des dépenses de 588 millions de dollars. Le Québec n'est que très marginalement concerné par ce secteur[1], qui est actif partout au Canada, sauf en Ontario et au Québec. Le Québec souverain n'aura pas à assumer ces dépenses.

Les services de police de protection de la GRC, qui ont coûté 603 millions de dollars en 2010, sont liés à «la protection des dignitaires, et à la sécurité lors d'événements majeurs et d'initiatives spéciales, dont les sommets à caractère international[2].» Le Québec souverain devra assumer une portion de ces dépenses, mais en économisant les coûts de la protection des dignitaires fédéraux. D'ailleurs, le service de protection des dignitaires de la SQ est réputé pour son efficacité. J'estime donc que la part du Québec souverain atteindra au maximum 15 %, soit 90 millions de dollars.

Les opérations de la police technique de la GRC ont coûté 168 millions de dollars. Le Québec possède déjà les ressources et installations nécessaires, mais devra acquérir des expertises spécifiques à la GRC. J'estime qu'il pourra y arriver en assumant 20 % de ces dépenses, soit 34 millions de dollars.

Les services de police « nationaux » de la GRC ont généré des dépenses de 134 millions de dollars. Ces services sont mis à la contribution de

1. Sauf dans le Grand Nord.
2. Notons que les sommets de Toronto sont comptabilisés dans l'année financière 2010-2011.

tous les organismes policiers ou judiciaires du Canada. Le Québec possède déjà de tels services.

Le service de délivrance des permis d'armes à feu coûte 35 millions de dollars. Le Québec souverain pourra assumer cette tâche avec une somme de 8 millions de dollars, correspondant à son poids démographique.

Les services de soutien, qui constituent l'armature civile de soutien au travail des policiers de la GRC, ont généré des dépenses de 99 millions de dollars. Le Québec possède déjà un tel service, mais pour répondre à un volume de travail plus important après la souveraineté, le nouveau pays pourrait assumer 15 % de ces dépenses, soit 15 millions de dollars.

Le Renseignement criminel sert à « dépister et à prévenir les actes criminels de groupes organisés, de nature grave ou qui menacent la sécurité nationale au Canada ou à l'étranger et qui ont une incidence sur le Canada ». Le Québec souverain aura besoin de renforcer ses capacités actuelles, surtout au niveau international. Nous estimons qu'il pourra relever le défi en assumant une part de 20 % des dépenses de la GRC dans ce domaine, soit 11 millions de dollars.

Les autres dépenses de fonctionnement, de capital et de transferts de la GRC, qui s'élèvent à 370 millions, concernent surtout les indemnités versées aux agents de la GRC et à leurs proches. Comme le Québec compte pour une part réduite des effectifs de la GRC, nous estimons qu'il n'aura pas à assumer une part supérieure à 10 % de ces dépenses, soit 37 millions de dollars.

Au total, donc, pour prendre la relève de la GRC, le Québec souverain aura à assumer des dépenses de 350 millions de dollars.

Enfin, les comités d'examen externe et de plaintes du public de la GRC génèrent des dépenses de 10 millions de dollars. Le Québec souverain disposera déjà de tous les mécanismes nécessaires et n'aura à assumer aucune dépense supplémentaire.

* * *

Au total, pour le portefeuille de la Sécurité publique, le Québec souverain assumera des dépenses de 1,086 milliard de dollars.

Les avantages de la souveraineté, en plus des économies de 505 millions de dollars :

- Le Québec souverain pourra contrôler les dépenses publiques de sécurité et mettre ses ressources financières là où ça compte, plutôt que dans la bureaucratie.
- Le Québec souverain pourra assumer lui-même la sécurité de son territoire, en fonction de sa situation propre.

23 Transports

Depuis quelques décennies, les grandes décisions du gouvernement canadien en matière de transports convergent vers une même destination : l'Ontario. Le centre nerveux des services financiers, de l'industrie de l'auto, du transport de marchandises et de personnes est dans le sud de cette province. Et, bien entendu, le siège de la plus grande organisation au Canada – le gouvernement fédéral – est à Ottawa. Tout cela fait en sorte que l'argent de tout le pays est naturellement drainé vers l'Ontario.

Toutes ces décisions ont produit un résultat éclatant : l'économie canadienne possède toutes les caractéristiques de l'époque coloniale, quand la métropole pompait toutes les richesses de l'empire. En termes de commerce interprovincial, les séquelles sont stupéfiantes : toutes les provinces sont en déficit commercial, sauf l'Ontario, qui dégage des surplus commerciaux énormes, année après année. En 2009, la province reine a enregistré un surplus commercial de 30 milliards de dollars… Voici à nouveau le doigt d'honneur de l'Ontario (fig. 10).

Figure 10

Balance commerciale à l'intérieur du Canada, 2009

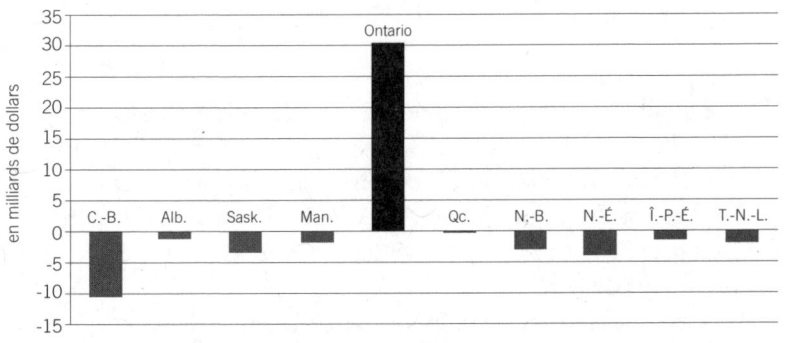

De 2003 à 2009, les Ontariens ont accumulé des surplus commerciaux de 187 milliards de dollars. On parle d'une somme de plus de
14 000 dollars par Ontarien, de l'argent qui provient de toutes les provinces. Pour la même période, le Québec a cumulé des déficits commerciaux de 16 milliards : plus de 2 000 dollars par Québécois qui sortent
de chez nous pour aller directement en Ontario. Ce n'est pas que notre
économie ne soit pas performante, au contraire. Dans le domaine de la
fabrication des biens, en 2009, le Québec a réalisé un surplus commercial
de 4,3 milliards de dollars avec les autres provinces. Une excellente per-
formance dans ce domaine.

C'est sur le plan du commerce des services que la sauce se gâte, et
cela a tout à voir avec la décision du gouvernement fédéral de concentrer
les services financiers et de transport en Ontario. À cet égard, aucune
province n'échappe à cette logique coloniale (fig. 11).

Figure 11

Balance commerciale des services, 2009

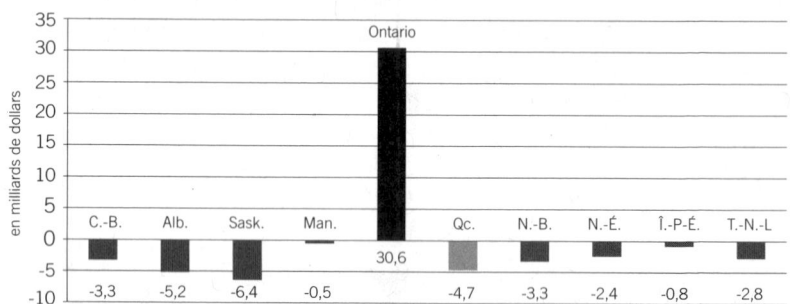

Ce graphique permet d'expliquer la péréquation en un coup d'œil.
Au Canada, toutes les provinces doivent payer leur écot à l'Ontario, soit
en lui achetant des services, soit en envoyant leurs impôts et taxes fédéraux à Ottawa. Au bout du compte, à moins de disposer de pétrole ou
de gaz, chacune des provinces se verra remerciée de cette générosité par
des paiements de péréquation.

Les axes de transport comptent pour beaucoup dans cette architec-
ture commerciale qui fait que tous les chemins mènent à Toronto. C'est
évident quand on observe le transport aérien : l'aéroport Pearson est

devenu le pivot aérien de tout l'Est du Canada. Comme on l'a indiqué plus haut, 14 % des passagers aériens transfrontaliers sont passés par le Québec en 2009, alors que 43 % sont passés par l'Ontario, une conséquence de la concentration du transport aérien à Toronto.

Ce qui est vrai pour le transport aérien vaut aussi pour le transport routier. En 2003, par exemple, plus de 60 % des passages frontaliers de camions de marchandise, ont eu lieu en Ontario[1]. Windsor est le plus important poste frontalier entre le Canada et les États-Unis. Selon Transports Canada, plus de 20 millions d'autos, camions et autobus traversent cette ville chaque année. Et cette concentration dans le sud de l'Ontario n'est pas près de s'estomper. Il suffit de constater l'ampleur des dépenses fédérales en infrastructures dans cette région pour s'en convaincre.

Consolez-vous, amis lecteurs, le Québec n'est pas en reste. En 2010, nous avons reçu une somme de 5 millions de dollars pour moderniser nos frontières, profitant ainsi d'un Fonds sur l'infrastructure frontalière doté d'une enveloppe de 81 millions de dollars. Bien sûr, nos 5 millions ne constituent que 6 % du total, mais ne chipotons pas, il fallait bien mettre le paquet là où sont concentrées les routes de transport de marchandises et de personnes. C'est là, en Ontario, que 93 % des 81 millions de dollars ont atterri.

La plus grande part du milliard de dollars dépensé pour l'organisation des sommets du G-20 et du G-8 a été encourue dans la période qui a suivi celle qui est prise en compte ici. Néanmoins, certaines dépenses liées à la tenue de ces sommets ont été effectuées en avance. C'est le cas d'une subvention de 27 millions de dollars accordée à Huntsville pour sa « Beautification and lighting ». Oui. C'est 27 millions de dollars pour embellir et éclairer Huntsville. Huntsville la belle.

Mais, vous demandez-vous, qu'est-ce que l'embellissement de Huntsville et les sommets internationaux ont à voir avec Transports Canada ? Bonne question. En fait, le Bureau de l'infrastructure du Canada dépend de Transports Canada et un budget de 41 millions de dollars a été prévu pour préparer les sommets. C'est ainsi qu'une myriade de cantons ontariens ont pu bénéficier de cette manne.

---

1. Statistique Canada, derniers chiffres disponibles

Embellir Huntsville, renipper les frontières ontariennes, c'est bien, mais les autres ? Pas de problème, il y a le Fonds Chantier Canada, volet collectivités, dans lequel il y a quand même 100 millions de dollars… dont 57 millions pour l'Ontario. Ne soyons pas grincheux, le Québec reçoit sa pitance : 2 beaux petits millions de dollars. Nous savons combien l'Ontario a été durement touchée par la crise économique de 2008, alors le mot d'ordre du gouvernement Harper était clair : solidarité !

Ce n'est pas assez ? Créons donc un fonds complémentaire pour y mettre encore 30 millions de dollars. À Ottawa, on ne regarde pas à la dépense ! Allez, frères ontariens, prenez donc encore 18 millions. Et le Québec ? Oups ! Ça sera pour une autre fois…

Rien de bien grave, le Québec pourra se reprendre avec le volet des grandes infrastructures. Un CHUM, un amphithéâtre à Québec, un nouveau pont Champlain, que sais-je encore. Après tout, il y a là une jolie somme à investir : 195 millions de dollars. Bingo ! Le Québec a obtenu 14 millions. Pour tout le Québec. Bon, c'est certain, c'est un peu juste à côté des 38 millions obtenus par la seule ville de Toronto ou des 25 millions versés pour le Centre des congrès d'Ottawa. Mais, on le sait, le Québec est le bébé gâté de la Fédération, alors il faut dire *merci*.

En 2010, le ministère fédéral des Transports a effectué des dépenses de 1,012 milliards de dollars, dont 542 millions pour son fonctionnement. Le ministère a versé des transferts totalisant 363 millions de dollars, dont 46 millions pour le Québec[2]. Des 542 millions de dépenses de fonctionnement, une somme de 190 millions est directement allée nourrir la bureaucratie dans son état le plus pur, les services internes. Il faut noter que 10 ans plus tôt, ces mêmes services coûtaient 86 millions. C'est donc dire qu'en 10 ans, les dépenses purement bureaucratiques du ministère ont plus que doublé : 121 % de hausse. Les dépenses de la bureaucratie de Transports Québec ont augmenté deux fois moins vite, avec 58 % de hausse sur la même période.

Ces dépenses bureaucratiques constituant un chevauchement intégral des fonctions actuellement assumées par le gouvernement du

---

2. D'autres transferts déjà comptabilisés de 7 millions ont été versés au gouvernement du Québec.

Québec, nous n'en retiendrons qu'une part de 5 %, soit 10 millions de dollars qui devront être déboursés par le Québec souverain. Il reste des dépenses de fonctionnement de 352 millions de dollars. Des transferts de 341 millions du ministère, le Québec a reçu une part de 12 %. Nous appliquerons ce ratio à la part du Québec souverain, soit une somme de 42 millions de dollars. En tout, donc, pour prendre la relève du ministère fédéral des Transports, le Québec souverain devra assumer des dépenses de 98 millions de dollars.

Organismes

Postes Canada a généré des dépenses de 73 millions de dollars et nous estimons que le Québec souverain assumera sa part démographique, soit 23,3 % de ces dépenses, une somme de 17 millions de dollars qui permettra le démarrage de Postes Québec au cours des premières années, à la suite de quoi cet organisme devra s'autofinancer[3].

L'Administration canadienne de la sûreté du transport aérien a été créée après le 11 septembre 2001 et a généré, en 2010, des dépenses de 604 millions de dollars. Selon Statistique Canada, le Québec comptait pour 9,4 % du trafic de passagers dans les 50 principaux aéroports canadiens en 2009. Cependant, dans un Québec souverain, il y aura beaucoup plus de vols internationaux en partance et en direction de Montréal et de Québec, puisque le gouvernement favorisera la création de ces liens, tandis que le statut de pays souverain du Québec amènera par lui-même un nombre accru de passagers d'affaires et gouvernementaux. Au lendemain de la souveraineté, on peut considérer que le Québec souverain devra assumer sa part actuelle, soit 9,4 % des dépenses de 604 millions, une somme de 57 millions de dollars.

L'Office des transports du Canada a dépensé 28 millions de dollars en 2010 et semble totalement inutile pour le Québec souverain. La Société des ponts fédéraux Limitée a, elle, coûté 2 millions aux contribuables en 2010, essentiellement pour des travaux effectués à Cornwall. Marine atlantique SCC est l'organisme responsable d'un service de

3. Comme c'est par exemple le cas en Allemagne, en Suède, en Espagne, aux Pays-Bas, aux États-Unis et en Grande-Bretagne.

traversier entre Terre-Neuve et la Nouvelle-Écosse ; il a généré des dépenses de 124 millions de dollars en 2010, dont le Québec souverain n'assumera évidemment aucune part.

La Commission de la capitale nationale (CCN) a dépensé 105 millions de dollars. Cet organisme a pour but de faire la promotion de la capitale du Canada, de gérer les résidences du gouvernement (demeure du Premier ministre et du Gouverneur général, résidences secondaires, etc.) et d'aménager la région. Le Québec compte pour environ 20 % des dépenses de la CCN, avec notamment la gestion du Parc de la Gatineau. Un Québec souverain assumera bien sûr sa part, soit une somme de 21 millions de dollars.

Le Bureau des infrastructures gère la plupart des programmes fédéraux d'infrastructures et a présidé à des dépenses de 4,218 milliards de dollars en 2010, dont 64 millions pour son fonctionnement. Nous avons vu que le Québec recevait une part congrue des dépenses en infrastructure inscrites sous cette rubrique dans les Comptes publics. Le Québec a ainsi reçu seulement 314 millions des programmes de transferts dont le budget totalise 4,154 milliards de dollars, soit une proportion de 7,6 %. De ces 314 millions, 307 ont été versés au gouvernement du Québec et sont donc déjà comptabilisés.

Le Québec a reçu d'autres montants pour les infrastructures, qui apparaissent ailleurs dans les Comptes publics ; cela s'explique par le fait que le gouvernement du Québec administre lui-même la très grande majorité des dépenses en infrastructures. Les 64 millions de dépenses de fonctionnement ne seront pas transférés au Québec souverain. Reste donc 7 millions de dollars à comptabiliser.

La Société du Vieux-Port de Montréal a généré des dépenses de 23 millions de dollars en 2010, qui seront toutes assumées par le Québec souverain. La Monnaie royale canadienne s'autofinance. Le Québec souverain, s'il conserve la monnaie canadienne, conclura un accord avec le Canada, ce qui n'impliquera aucune dépense. Les ponts Jacques-Cartier et Champlain ont généré des coûts de 78 millions de dollars en 2010 qui seront entièrement assumés par le Québec souverain. Le Tribunal d'appel des transports a dépensé un million en 2010 et n'est pas pertinent dans un Québec souverain.

Via Rail a coûté 387 millions aux contribuables en 2010. Il est difficile d'évaluer la part du Québec de ces dépenses. Sur les 26 gares de Via, 4 sont situées au Québec, une proportion de 15,4 %. De même, tout laisse croire que la ligne de Via qui va de Québec à Windsor est profitable. Nous estimons donc qu'un Québec souverain aura à assumer au maximum 16 % des dépenses actuelles de Via Rail, soit un montant de 62 millions de dollars.

* * *

Au total, pour le portefeuille de Transports Canada, le Québec souverain assumera des dépenses de 412 millions de dollars.

Les avantages de la souveraineté, en plus des économies de 521 millions de dollars :

- Le Québec souverain pourra consacrer ses ressources et son argent aux infrastructures de transports vitales pour sa propre économie.
- Le Québec souverain pourra inverser la tendance qui voit le transport des marchandises et des personnes converger vers l'Ontario.
- Le Québec souverain pourra accorder lui-même des lignes aériennes à partir de Montréal ou de Québec, ce qui permettra de réduire de façon notable les escales inutiles à Toronto.

24 Travaux publics

Ce portefeuille ministériel, entièrement dédié au ministère Travaux publics et services gouvernementaux Canada (TPSGC), a généré des dépenses de 6,064 milliards en 2010, ramenées à 2,667 milliards une fois les revenus pris en compte. La gestion des biens immobiliers accapare à elle seule des dépenses de 4,134 milliards de dollars, le reste de l'activité de ce ministère se résumant essentiellement à fournir des services et approvisionner en biens les autres ministères fédéraux. Les ministères payent pour ces biens et services, ce qui explique les revenus de 3,7 milliards de TPSGC. Au net, la gestion des biens immobiliers coûte 1,875 milliard de dollars.

Je n'ai trouvé aucune donnée précise sur l'inventaire des immeubles fédéraux, ce qui m'aurait permis d'évaluer la part du Québec. Néanmoins, on peut apprécier la prose du ministère en français : « Ce sont environ 600 employés de TPSGC qui fournissaient des services dans nombreuse bureaux de la région de l'Ontario[1]. »

Le Québec obtient 20,7 % des emplois de la fonction publique fédérale ce qui me semble être le meilleur instrument d'évaluation à notre disposition. Sur cette base, nous pourrions évaluer la part du Québec des dépenses liées à la gestion des biens immobiliers à 388 millions de dollars. Cependant, nous savons que l'immobilier coûte moins cher au Québec que dans le reste du Canada. Par exemple, le prix moyen d'une maison au Canada selon la RBC est de 325 000 $, alors qu'à Montréal, il s'élève à 271 000 $, soit 17 % de moins. D'autre part, le gouvernement du Québec dispose déjà d'un organisme (la Société immobilière du Québec) chargé de gérer un parc immobilier, ce qui implique un potentiel important d'économies administratives. Pour toutes ces raisons, j'évalue la part des dépenses en gestion immobilière que le Québec souverain devra assumer à 15 %, soit un montant de 281 millions de dollars.

---

1. Site web de TPSGC, région de l'Ontario.

Les services administratifs du ministère ont coûté 323 millions de dollars, une augmentation faramineuse de 183 % : 209 millions de plus depuis 1998 ! Il y a là des chevauchements très nombreux avec l'homologue québécois de TPSGC, ce qui permettra des économies substantielles. Nous évaluons la part du Québec de ces dépenses purement bureaucratiques à 10 % maximum du total canadien, soit un montant de 32 millions de dollars.

Une fois soustraites les dépenses pour le parc immobilier et la bureaucratie, reste une somme de 791 millions de dollars. Dans la section IV des Comptes publics, j'ai recensé les acquisitions de TPSGC : sur un montant de 117 millions de dollars, 3 millions seulement provenaient du Québec, ce qui donne un ratio de seulement 2,7 %. Pour ce qui est des achats de services par le ministère, sur un total de 1,665 milliard, seulement 61 % des dépenses sont recensées, dont 211 millions en provenance du Québec. Nous pourrions appliquer ce ratio au gouffre de 665 millions, mais ce serait une évaluation à l'aveugle, d'autant que des 211 millions du Québec, 50 proviennent d'un contrat octroyé à Bell Canada, dont le siège social est à Montréal, ce qui pourrait fausser les données. J'ai tenté d'utiliser une autre méthode en établissant la proportion des contrats octroyés au Québec dans la rubrique « autres services », ce qui donnait un ratio de 7,5 %.

Comme on le voit, ce ministère est un véritable trou noir : impossible de suivre la piste des sommes colossales qu'il administre. Sachant que la presque totalité de ces dépenses sont consacrées à son fonctionnement et sachant qu'il a essentiellement pour but de fournir les autres ministères en biens et services, j'ai résolu d'attribuer au Québec sa part des dépenses de fonctionnement de l'ensemble des ministères.

Les dépenses de fonctionnement des autres ministères ont totalisé 59,961 milliards, dont 8,381 pour le Québec souverain, ce qui donne une proportion de 11,2 %. Puisque le nouveau pays assumera cette proportion des dépenses, nous pouvons escompter qu'il assumera cette même proportion des services gouvernementaux et des approvisionnements. Cela donne un total de 373 millions de dollars.

* * *

Au total, pour le portefeuille de TPSGC, le Québec souverain assumera des dépenses de 373 millions de dollars.

L'avantage de la souveraineté, en plus des économies de 65 millions de dollars :

- La presque totalité des dépenses en biens et services du Québec souverain sera effectuée sur notre territoire, ce qui profitera à nos entreprises, à notre économie et au bout du compte, à nos finances publiques.

25 Grands programmes de transferts fédéraux

L'exercice auquel je me suis astreint dans ce livre consiste à évaluer les dépenses publiques totales que devra assumer le Québec souverain sur la base de l'année financière 2010. Je n'ai modifié en aucune façon les dépenses réelles du gouvernement du Québec. Ces dépenses incluent les transferts reçus d'Ottawa, comme les paiements de péréquation ou les transferts pour la santé et les services sociaux. Même si ces encours sont déjà comptabilisés, il m'apparaît essentiel de les analyser, ne serait-ce que pour établir un portrait global de ce que seront les finances d'un Québec souverain.

En ce qui a trait aux grands programmes de transferts destinés aux particuliers, comme les pensions de vieillesse et l'assurance-emploi, le Québec souverain devra les assumer entièrement. Le gouvernement du Québec souverain pourra certes choisir de les modifier d'une façon ou d'une autre, mais pour ma part, je les laisse en l'état.

Commençons avec les transferts au gouvernement du Québec. Les Comptes publics, à la rubrique « autres transferts[2] » indiquent une somme de 1,9 milliard pour la taxe sur l'essence et des paiements de 5,9 milliards de dollars aux provinces pour l'assistance de l'harmonisation de la taxe de vente. Sur ce total de 7,8 milliards, la part du Québec n'est qu'un misérable 15 millions ! Voilà qui donne un rude coup à la prétention de ceux qui ânonnent que le Québec est « le bébé gâté de la fédération ».

Si l'on prend en compte l'ensemble de ces transferts et non pas la seule péréquation, on note que le Québec reçoit 13,4 milliards, soit une part de 23,6 % du total. Comme nous contribuons aux revenus fédéraux à hauteurs de 19,5 % (11,1 milliards) le bénéfice net pour cette catégorie de transferts en 2010 a été de 2,3 milliards de dollars.

Il faut noter que les transferts envoyés à Québec en 2010 étaient

---

2. Section I, Tableau 3.7.

supérieurs de 300 millions de dollars à ceux de 2009. Pour l'ensemble du Canada, la hausse a atteint 10 milliards. Le Québec n'a donc touché qu'une part de 2,3 % de cette manne!

Une bonne partie de l'aide fédérale aux autres provinces a été financée par le Québec. Si cela présage de l'avenir, on voit mal en quoi le Québec trouverait un avantage à demeurer dans le Canada. Chose certaine, c'est une tendance lourde : depuis 1998, les transferts vers le Québec ont augmenté beaucoup moins rapidement que vers les autres provinces (fig. 12).

Figure 12

Hausse des transferts fédéraux, 1998-2010

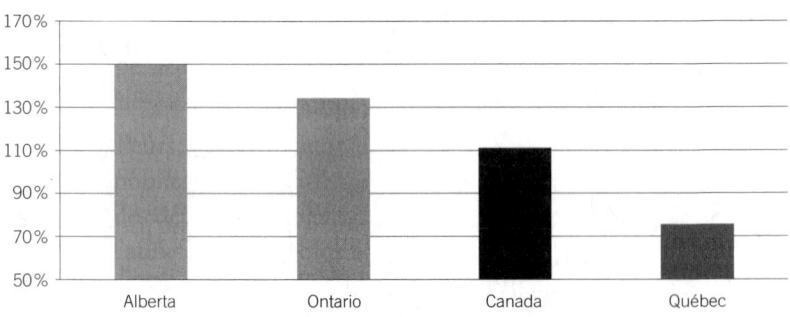

Les principaux « transferts aux particuliers » sont les pensions pour les aînés, les prestations d'assurance-emploi et les prestations pour enfants. J'intègre tous les transferts destinés aux aînés aux dépenses du Québec souverain. Ainsi, tous les Québécois qui reçoivent actuellement un chèque d'Ottawa continueront à le toucher, marqué du même montant, mais avec une fleur de lys plutôt qu'une feuille d'érable.

Je reprends également l'intégralité des prestations d'assurance-emploi, mais il est important de souligner que le chômage est voué à diminuer structurellement au Québec dans les prochaines années, du fait de la démographie. Cela fera en sorte de diminuer d'autant le nombre de prestataires d'assurance-emploi. Cette tendance lourde est déjà amorcée. La part du Québec des prestations d'assurance-emploi, qui était de 29 % en 2006, est tombée à 22 % en 2010. Ce fut l'effet inverse pour l'Ontario, qui perçoit maintenant 35 % du total.

Avec la souveraineté, le Québec pourra utiliser ces sommes importantes pour la formation, ce qui permettra d'enrichir les Québécois, de combler la pénurie de main-d'œuvre spécialisée et, du même coup, d'abaisser encore le taux de chômage. Cela, le programme actuel d'assurance-emploi, qui a été conçu pour une autre époque, ne le permet pas. Et mon expérience à Ottawa m'a appris que rien n'est plus difficile que de changer en profondeur ce régime archaïque.

En 2010, les Québécois ont touché 4,8 milliards, soit 22 % du total des prestations versées. Nous pourrions rapidement conclure que le Québec en sort gagnant, mais en fait, toutes les provinces ont reçu plus que leur part, puisque le régime a fait un déficit de 5 milliards de dollars. En tenant compte de ce déficit, nous pouvons voir que le Québec a reçu 600 millions de plus qu'il a versé.

Cela dit, comme je l'ai déjà mentionné, le taux de chômage du Québec ne cesse de diminuer depuis quelques années. D'un strict point de vue financier, le Québec est gagnant en 2010, mais dans une perspective économique à plus longue vue, la souveraineté serait un avantage indéniable.

Un Québec souverain pourra repenser complètement le programme, l'intégrer à Emploi-Québec et en faire un outil efficace de formation de la main-d'œuvre dans toutes les régions, et ainsi avancer vers la résolution de l'un de nos problèmes économiques les plus criants : la pénurie de main-d'œuvre spécialisée.

Avec le programme fédéral, un travailleur qui perd son emploi ne peut toucher plus que 55 % de son salaire. S'il gagnait 30 000 $ par année, « le chômage » lui rapportera au maximum 317 $ par semaine au lieu des 577 $ qu'il touchait en travaillant. Il est illusoire de croire que cette personne acceptera de suivre une formation pendant deux ans à ce niveau de rémunération. Si cette personne a des enfants à nourrir ou des dettes à payer, elle va sauter sur le premier emploi venu, même à 400 $ par semaine.

Imaginons maintenant un système où ce même travailleur se voit offrir 80 % de son salaire à condition qu'il poursuive une formation pour un métier en demande. Il pourra toucher 462 $ par semaine et, à la fin de sa formation, il aura un salaire supérieur à ce qu'il gagnait à l'origine, versera plus d'impôts à l'État et courra un risque moindre d'avoir à réclamer à nouveau des prestations de chômage.

Longtemps agitées pour faire peur aux Québécois tentés par la souveraineté, les pensions de vieillesse constituent une portion significative des transferts aux particuliers. Dans ce cas, le Québec a clairement avantage, du moins financièrement, à demeurer au sein du Canada, puisqu'il retire plus que sa part des dépenses totales. En tout, le bénéfice net s'élève à 2,9 milliards de dollars.

Cela s'explique de deux façons. La première, c'est que le vieillissement de la population arrive plus tôt et sera plus prononcé au Québec que dans le reste du Canada. Ainsi, en 2010, 25,1 % de la population canadienne âgée de 65 ans et plus résidait au Québec, ce qui est supérieur de 2 % à notre proportion de la population générale.

L'autre raison, c'est que lors de leurs années de travail, dans les décennies 1960 et 1970, les aînés québécois étaient moins riches que leurs homologues canadiens, ce qui fait que leurs revenus de retraite sont moins élevés, un écart compensé en partie par les prestations du Supplément de revenu garanti.

Dans les décennies à venir, si on se fie aux projections démographiques de Statistique Canada, la part du Québec des personnes âgées de plus de 65 ans va décroître, passant de 25,1 % en 2010 à 22,4 % en 2036. Dans le même temps, la part québécoise de la population totale passera de 23,1 % du total canadien à 21,2 %, et l'écart entre notre proportion de la population générale et celle de nos personnes âgées ne sera plus que de 1,2 %. C'est donc dire qu'au fil du temps, l'avantage financier lié aux pensions de vieillesse ira en diminuant.

En 2010, le Québec a reçu 20,9 % des allocations pour enfants, ce qui donne une somme de 2,6 milliards de dollars sur un total canadien de 12,3 milliards. Cette fois, la fiscalité fédérale désavantage grandement le Québec, qui s'est donné un réseau de services de garde à prix modique (les garderies à 7 $). De ce fait, les parents québécois dépensent moins que les autres Canadiens et ils ne peuvent réclamer autant de déductions fiscales, ce qui fait qu'ils perdent collectivement une somme de 250 millions de dollars par année. La souveraineté permettra de corriger ce travers fédéral et de rendre plus cohérente et efficace la politique familiale québécoise.

Faisons maintenant le compte de tous ces transferts. D'abord, les sommes transférées au gouvernement du Québec nous apportent un bénéfice financier de 2,311 milliards, péréquation incluse. En vertu du programme d'assurance-emploi, nous retirons un surplus de 583 millions. Pour les pensions de vieillesse, le bénéfice atteint 2,868 milliards. Enfin, les transferts pour enfants nous permettent de retirer 173 millions supplémentaires. En tout, donc, avec la souveraineté, nous renonçons à des bénéfices financiers de 5,935 milliards de dollars. Cette somme correspondait en 2010 à 1,9 % du PIB québécois, une baisse de 37 % par rapport à 1995, alors que les bénéfices financiers de ces mêmes transferts correspondaient à 3 % de notre PIB. Plus ça va, moins ça vaut la peine…

Résumons-nous. Sur la base des Comptes publics du Canada 2010, en excluant les transferts au gouvernement du Québec, qui sont déjà comptabilisés, le Québec souverain devra assumer des dépenses de 17 milliards de dollars pour les transferts aux aînés, aux enfants et aux chômeurs.

Dépenses du Québec souverain	Millions $
Pensions de vieillesse	9 625
Assurance-emploi	4 792
Transferts pour enfants	2 579
Total	16 996

26 La dette canadienne

Les Québécois ne réalisent pas toujours que la dette fédérale est libellée au nom du gouvernement du Canada et que, de ce fait, quand le Québec réalisera la souveraineté, il ne sera pas formellement lié par cette dette. Évidemment, la coutume veut qu'un nouveau pays souverain assume sa part de la dette de l'État qu'il a quitté. Mais cette part, il faudra la négocier.

Certains boutefeux fédéralistes affirment qu'en cas de OUI à un référendum, le Canada refusera de négocier ; cela ne mérite guère plus qu'un haussement d'épaules. En effet, si le Canada refuse de négocier, eh bien, il gardera pour lui le fardeau de la dette fédérale ! Dans cette histoire, c'est le pays québécois qui tiendra le gros bout du bâton.

Le service de la dette fédérale a coûté 29,4 milliards de dollars en 2010. La part du Québec n'apparaît pas dans les Comptes publics du Canada, mais nous pouvons l'évaluer, notamment à partir des travaux antérieurs qui ont été réalisés sur cette question.

La dette se divise en deux parties distinctes. La première est constituée des comptes de retraite des fonctionnaires, des soldats et des agents de la GRC. Il s'agit d'une dette du gouvernement fédéral envers les futurs retraités. L'autre partie est constituée de la « dette non échue », constituée des emprunts effectués par le gouvernement fédéral sur les marchés financiers.

La méthode utilisée par Bélanger-Campeau calcule la part du Québec du passif lié aux comptes de retraite en établissant la proportion des emplois fédéraux situés au Québec. J'ai un peu raffiné la méthode en établissant la proportion des salaires et traitements au Québec, ce qui reflète plus justement le passif que devra assumer le Québec souverain. Selon Statistique Canada, cette proportion était de 19,6 % en 2009[1].

---

1. Cela ne signifie pas que 19,6 % de la masse salariale fédérale est versée à des Québécois. Nombre d'employés fédéraux installés à Gatineau sont en effet Ontariens et vice versa. Pour avoir une évaluation exacte, il faudrait effectuer un inventaire exhaustif.

Malgré tout, ces données sont trompeuses. Elles reflètent une nouvelle réalité et, dans le cas des comptes de retraite, il nous faut prendre en compte la réalité passée, particulièrement celle des 35 dernières années, car ce sont les ratios d'emplois fédéraux au Québec en 1975, 1985 et 1995 qui déterminent le nombre de retraités d'aujourd'hui et des prochaines années.

Nous pouvons nous appuyer sur les travaux de Bélanger-Campeau et de Legault. Les premiers évaluaient à 13,3 % la dette des comptes de retraite que devrait assumer le Québec souverain. Legault l'évaluait quant à lui à 16 % et, en reprenant la même méthode légèrement « raffinée », j'obtiens 19,6 %. En faisant une moyenne de ces trois évaluations, nous obtenons un ratio de 16,3 %, ce qui me semble refléter le plus fidèlement possible la réalité.

Au moment du partage effectif de la dette des comptes de retraite, le Québec et le Canada procéderont à un inventaire exact du nombre de fonctionnaires, soldats et policiers de la GRC dont les pensions de retraite seront assumées par le Québec souverain.

Pour évaluer la part du Québec de la dette non échue, il faut calculer sa part des actifs et des passifs du gouvernement fédéral. La méthode la plus simple consiste à appliquer la part du Québec de l'économie canadienne qui, en 2010, était de 19,5 %. Ce ratio nous permet en effet de calculer la part du service de la dette fédérale que le Québec paye actuellement, soit 3,329 milliards de dollars.

Évidemment, au moment où le Québec et le Canada se partageront les actifs et les passifs fédéraux, un inventaire exhaustif et réel sera fait des actifs financiers et non financiers. Selon plusieurs études[2], la part de la dette fédérale que devra assumer le Québec souverain sera beaucoup moindre que sa part économique. Mais comme il n'existe aucun inventaire exhaustif des actifs non financiers du gouvernement fédéral, je reprends ici le ratio de 19,5 %[3]. Dans le pire des cas, donc, le Québec souverain devra assumer des dépenses de 3,329 milliards pour le service de la dette non échue.

2. Notamment, Claude Lamonde et Jacques Bolduc, « Le partage des actifs et des passifs du gouvernement du Canada. L'avenir dans un Québec souverain », Secrétariat à la restructuration, Les Publications du Québec, 1995.
3. Bélanger-Campeau évaluaient la part du Québec à 18,5 % et Legault, à 19%.

En appliquant les ratios de 16,3 % à la dette actuarielle des régimes de retraite et de 19,5 % à la dette non échue, le Québec souverain devra assumer au maximum des dépenses de 5,341 milliards de dollars. Sur la base de l'année financière 2010, la souveraineté nous procure des économies de 395 millions de dollars[4].

Mais, comme je l'ai mentionné, ces dépenses sont appelées à croître significativement, du fait des déficits du gouvernement fédéral et de la hausse inévitable des taux d'intérêts à moyen terme. De même, si l'on se fie aux travaux de Lamonde et Bolduc, l'inventaire exhaustif des actifs fédéraux fera baisser la part du Québec de façon significative.

Il est donc dans l'intérêt financier du Québec de quitter le plus rapidement possible ce Canada qui nous endette à vitesse grand V.

---

4. Puisque nous payons 19,5% actuellement.

27 Terminus

Comme le montre le tableau suivant, sur la base des dépenses fédérales en 2010, la souveraineté nous permettrait d'engranger des économies de 7,5 milliards de dollars en abolissant des pans entiers de bureaucratie inutile, voire nuisible.

Dépenses nettes des portefeuilles ministériels, 2010
(en millions de dollars)

	Canada	Québec	% Québec	Économies
Affaires étrangères et du commerce international	13 198	1 257	9,5 %	1 317
Affaires indiennes et du Nord	7 432	731	9,8 %	591
Agences de développement économique	1 236	384	31,1 %	-143
Agence du revenu du Canada	4 407	76	1,7 %	666
Agriculture et agroalimentaire	3 362	329	9,8 %	161
Anciens combattants	3 413	512	15,0 %	154
Citoyenneté et immigration	1 691	65	3,8 %	33
Conseil du trésor	2 488	248	10,0 %	237
Conseil privé	357	24	6,7 %	46
Défense	19 867	2 859	14,4 %	1 015
Environnement	1 908	172	9,0 %	200
Finances	1 623	112	6,9 %	74
Gouverneur général	19	0	0,0 %	4
Industrie	6 206	986	15,9 %	224
Justice	1 540	142	9,2 %	87
Parlement	565	0	0,0 %	110
Patrimoine	3 525	727	20,6 %	-106
Pêches et Océans	1 982	214	10,8 %	172
RHDC	7 614	716	9,4 %	472
Ressources naturelles	4 528	250	5,5 %	633
Santé Canada	5 697	654	11,5 %	449

	Canada	Québec	% Québec	Économies
Sécurité publique et protection civile	8 187	1 086	13,3 %	505
Transports	4 783	412	8,6 %	521
Travaux publics et services gouvernementaux	2 667	373	14,0 %	65
Revenus affectés aux dépenses	10 921	1 624	19,5 %	0
Total des dépenses des portefeuilles ministériels	119 216	13 953	12,0 %	7 487
Principaux transferts gouvernements	56 990	13 424	23,6 %	(2 311)
Prestations enfants	12 340	2 579	20,9 %	(173)
Assurance-emploi	21 586	4 792	22,1 %	(583)
Service de la dette	29 414	5 341	18,2 %	395
Sécurité du revenu	34 652	9 625	27,8 %	(2 868)
Sous-total	154 982	35 761	23,1 %	(5 540)
Grand total	274 198	49 714	18,3 %	1 947

Source: Comptes publics du Canada

Par ailleurs, en examinant ligne par ligne les sections III et IV des Comptes publics, on se rend compte que le Québec est loin d'obtenir sa juste part des dépenses en biens et services, avec un maigre 11 % du total. Mesuré à l'aune de notre poids économique, cela implique un manque à gagner de 927 millions de dollars pour l'économie québécoise. La souveraineté permettra de nous assurer que la plus grande partie de nos impôts sera dépensée chez nous, ce qui stimulera d'autant notre économie.

Dépenses en biens et services, 2010 (en millions de dollars)

	Canada	Québec	% Québec
Affaires étrangères et du commerce international	373	31	8,3 %
Affaires indiennes et du Nord	329	10	3,0 %
Agence de développement Québec	6	4	66,6 %
Agence Canada Atlantique	13	0	0,0 %
Agence du revenu du Canada	349	104	29,8 %
Agriculture et agroalimentaire	216	8	3,7 %
Anciens combattants	362	15	4,1 %
Citoyenneté et immigration	173	10	5,8 %
Conseil du trésor	125	56	44,8 %

	Canada	Québec	% Québec
Conseil privé	65	10	14,7 %
Défense	3 002	307	10,2 %
Diversification de l'économie de l'Ouest	7	0	0,0 %
Environnement	323	36	11,1 %
Finances	38	3	7,9 %
Gouverneur général	1	0	0,0 %
Industrie	385	43	11,2 %
Justice	117	16	13,7 %
Parlement	27	1	3,7 %
Patrimoine	113	42	37,2 %
Pêches et Océans	299	29	9,7 %
RHDC	533	65	12,2 %
Ressources naturelles	321	26	8,1 %
Santé Canada	591	19	3,2 %
Sécurité publique et protection civile	1 385	126	9,1 %
Transports	255	45	17,6 %
Travaux publics et services gouvernementaux	1 781	249	14,0 %
Total	11 189	1 255	11,2 %

Source: Comptes publics du Canada

Les dépenses totales du Québec souverain

Pour évaluer ce qu'auraient été les dépenses totales d'un Québec souverain en 2010, il faut additionner les dépenses réelles du gouvernement du Québec, celles des administrations locales, et notre part des dépenses fédérales[1].

En 2010, le gouvernement du Québec a dépensé 72,860 milliards de dollars. Les administrations locales du Québec ont dépensé, une fois soustraits les transferts reçus de Québec et d'Ottawa déjà comptabilisés,

---

1. Pour ce faire, j'utilise les données du Budget du Québec 2011 pour les dépenses du gouvernement du Québec, celles de l'Institut de Statistique du Québec pour les administrations locales et, pour notre part des dépenses fédérales, les résultats de la présente étude.

un montant de 13,049 milliards de dollars[2]. Et finalement, notre part des dépenses fédérales s'élève, selon mes calculs, à 36,290 milliards de dollars[3].

Sur la base de l'année financière 2009-2010, les dépenses publiques du Québec souverain totaliseraient 122,199 milliards de dollars :

Pour mémoire, je rappelle que cette somme inclut l'intégralité des pensions de vieillesse, des prestations d'assurance-emploi, des paiements de péréquation, des transferts pour la santé, les programmes sociaux ou tout autre chèque reçu par les citoyens, entreprises ou administrations publiques au Québec en 2010. Les seules dépenses fédérales qui ont été retranchées sont d'ordre administratif ou, pour parler en langage clair : bureaucratique.

Dépenses du Québec souverain	Millions $
Pensions de vieillesse	9 625
Assurance-emploi	4 792
Transferts pour enfants	2 579
Total	16 996

---

2. Pour les administrations locales, les derniers chiffres disponibles datant de 2008, j'ai appliqué une croissance de 5% par an pour obtenir une approximation réaliste.
3. Soit la somme de 49,714 milliards, moins les transferts aux gouvernements de 13,424 milliards déjà comptabilisés dans les dépenses du gouvernement du Québec.

III

UN PAYS COMME LES AUTRES

Comme disait Pierre Bourgault : « On ne veut pas être une province pas comme les autres, on veut être un pays comme les autres. » Avec ces chiffres, nous pouvons justement comparer le pays québécois avec ses semblables, les autres pays riches. Pour ce faire, j'utilise les données de l'Organisation de coopération et de développement économique, l'OCDE.

Les dépenses d'un pays comme les autres

J'estime que les dépenses de l'ensemble des administrations publiques d'un Québec souverain totalisent 122,2 milliards. Pour répondre aux exigences méthodologiques de l'OCDE et être à même de comparer le Québec avec les autres pays riches, il faut ajouter à cette somme les 7 milliards de dépenses en capital du Québec en 2010, ce qui donne un total de 129,2 milliards. En 2009, le PIB du Québec a atteint 303,7 milliards de dollars. La proportion des dépenses du Québec souverain par rapport à son PIB est donc de 42,5 %[1].

Le tableau suivant montre que le niveau de dépenses publiques du Québec souverain est moins élevé que la moyenne des pays de l'OCDE, et identique à celui de notre voisin américain.

Dépenses / PIB - 2010

Suède	56,0 %	Espagne	45,6 %
France	55,4 %	Total de l'OCDE	44,6 %
Royaume-Uni	50,6 %	Canada	44,1 %
Italie	50,3 %	Québec	42,5 %
Allemagne	48,0 %	États-Unis	42,5 %

On pourra être surpris de voir que le niveau de dépenses du Québec souverain est moindre que celui du Canada[2]. La première raison de cet état de choses, c'est qu'en faisant la souveraineté, nous éliminons de larges pans de dépenses bureaucratiques. La seconde raison, c'est que, malgré tous les épisodes de gaspillage et de mauvaise gestion que l'on doit aux libéraux de Jean Charest depuis 1998 et l'effort important du «déficit zéro», le Québec contrôle mieux la croissance de ses dépenses que l'Ontario, l'Alberta et le gouvernement fédéral (fig. 13).

---

1. Les données sur le PIB (nominal) sont tirées de l'ISQ, *Comparaisons interprovinciales*. Nous utilisons le PIB de 2009 car 9 des 12 mois analysés (du 1er avril 2009 au 31 mars 2010) ont eu cours cette année-là.
2. Québec compris.

Figure 13

Augmentation des dépenses de programmes, 1998-2010

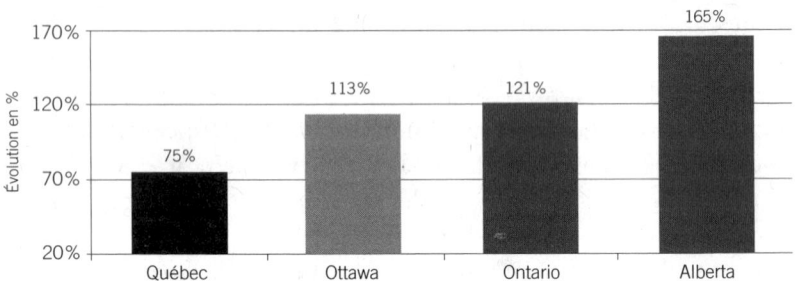

Certes, le Québec connaît une situation budgétaire difficile, avec des déficits élevés. De surcroît, le gouvernement actuel réussit moins bien que le précédent à contrôler ses dépenses. Ainsi, sous le gouvernement péquiste, de 1994 à 2003, les dépenses ont augmenté de 19 %, tandis que de 2003 à 2011, sous le gouvernement libéral, les dépenses ont augmenté de 35 %.

Quant aux États-Unis, s'il est vrai que les impôts et taxes y sont moins élevés qu'ici, on ne peut en dire autant des dépenses publiques. En 10 ans, elles sont passées de 34 % à 42,5 % du PIB. Cela est essentiellement dû aux énormes dépenses militaires, à la hausse des dépenses sociales et au fort ralentissement de la croissance. En même temps que les dépenses augmentaient, les revenus chutaient à cause des baisses d'impôt de l'administration George W. Bush et du ralentissement économique, de sorte que le déficit a explosé.

En somme, le Québec contrôle mieux la croissance de ses dépenses que ne le font les autres provinces, le fédéral et les États-Unis. En faisant le ménage dans sa part de la bureaucratie fédérale, en éliminant la pléthore de chevauchements qui induisent du gaspillage, le Québec souverain pourra faire encore mieux. En matière de dépenses publiques, nous serons un pays normal et même un peu mieux que ça.

Les revenus d'un pays comme les autres

Les lecteurs se demanderont sans doute s'ils paieront plus ou moins d'impôts dans un Québec souverain. Sur la base de l'année financière 2010, j'ai montré que le nouveau pays pourra dégager une marge de manœuvre supplémentaire de près de 2 milliards de dollars. Le gouvernement pourra choisir de consacrer ces fonds à l'allégement du fardeau fiscal, mais aussi à l'assainissement de ses finances, à de nouvelles dépenses ou encore à la réduction de la dette.

J'aurais pu m'atteler à décomposer toutes les sources de revenus du gouvernement fédéral pour les imputer au nouveau pays. Mais cela n'a pas beaucoup de sens puisque la fiscalité du Québec souverain sera bien différente de celle du Canada. J'ai plutôt choisi d'examiner deux hypothèses : un budget équilibré et un budget déficitaire.

Pour le budget équilibré, l'affaire est fort simple. Puisque le Québec souverain, toutes administrations publiques confondues, aura des dépenses de 122 milliards, il nous faut des revenus fiscaux à même hauteur. Encore une fois, pour répondre aux exigences méthodologiques de l'OCDE, il faut ajouter à cette somme les 7 milliards de dépenses en capital (endettement) du Québec en 2010, ce qui donne un total de 129,2 milliards, correspondant toujours à 42,5 % de notre PIB. Voyons comment le Québec souverain se compare aux autres pays de l'OCDE en termes de revenus.

Ce tableau annonce clairement la couleur : avec des revenus se situant à 42,5 % du PIB, le Québec souverain serait bien au-dessus de la moyenne des pays de l'OCDE. La ponction fiscale du Québec souverain sera aussi bien plus importante que celle des États-Unis, à 30,3 %, et que celle du Canada, à 38,8 %.

Revenus / PIB

Suède	52,8 %	Royaume-Uni	40,2 %
France	49,6 %	Canada	38,5 %
Italie	45,8 %	Total de l'OCDE	36,9 %
Allemagne	43,7 %	Japon	36,3 %
Québec	42,5 %	États-Unis	31,7 %

Source: OCDE et calculs de l'auteur pour le Québec

Est-ce à dire que nous devrions renoncer à équilibrer notre budget pour avoir une fiscalité compétitive ? Il me semble que non, car en équilibrant notre budget, à moyen terme, notre fiscalité sera de plus en plus compétitive, alors que celle de nos voisins, qui sont plongés dans les déficits, se détériorera inévitablement. Voyons ça de plus près.

En 2010, le déficit budgétaire du Québec se situait à 4,9 % du PIB. Nos principaux voisins sont dans une situation plus sombre. Le déficit combiné de l'Ontario, par exemple, équivalait à 6,5 % de son PIB et celui du Canada, à 5,6 %. Le déficit américain atteignait, lui, des sommets stratosphériques, à 10,7 % de son PIB ! Alors que j'écris ces lignes un débat vigoureux a cours aux États-Unis à propos du déficit, les républicains vociférant contre les dépenses publiques, sauf dans le cas des dépenses militaires. En réalité, sauf à susciter une révolte populaire en opérant des coupes draconiennes dans les services de santé, l'éducation ou dans l'armée, jamais ce grand pays ne pourra retrouver l'équilibre budgétaire sans augmenter ses revenus. À moins, bien sûr, d'accepter un gonflement toujours plus important de la dette publique.

Cette pénible situation budgétaire est partagée par la majorité des pays de l'OCDE, dont le déficit moyen en 2010 était à 8,3 % du PIB, pratiquement le double de celui du Québec. À 31,3 % du PIB, le déficit budgétaire de l'Irlande battait tous les records, celui de la Grèce atteignait quant à lui 10,8 %, et celui du Royaume-Uni, 10,4 %, ce qui explique la mise en œuvre d'un plan d'austérité budgétaire très brutal assorti de nombreuses hausses de tarifs, de taxes et d'impôts. Même la Reine devra faire des économies…

Quant au gouvernement fédéral, il a enregistré un déficit de 56 milliards de dollars en 2010, le plus important de son histoire.

En Ontario, après avoir introduit un impôt santé, le gouvernement a décidé de geler pour deux ans le salaire de ses employés et de limiter à 2,5 % la croissance de ses dépenses. Le gouvernement prévoit ainsi retrouver l'équilibre budgétaire d'ici huit ans. Si tout va bien.

Penchons-nous à présent sur la seconde hypothèse, celle d'un Québec souverain qui connaîtrait un déficit de même ampleur que celui que nous avons actuellement, soit 4,9 % de notre PIB[3]. La figure 14 montre que lorsque l'on combine les revenus des pays avec leur déficit, la situation du Québec est très favorable, le niveau de revenus nécessaire à l'atteinte de l'équilibre budgétaire du Québec souverain étant au même niveau que celui des États-Unis et inférieur à celui du Canada actuel.

Figure 14

Niveau d'équilibre budgétaire, 2010

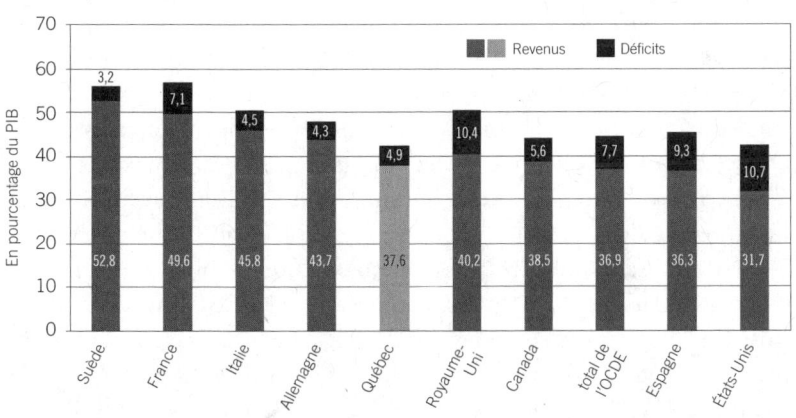

Au Québec comme ailleurs, les contribuables se plaignent toujours de payer trop d'impôts et de taxes. Mais si on met les choses en perspectives, on se rend compte que nous en payons beaucoup moins qu'auparavant. Depuis 2000, la charge fiscale a diminué aussi bien à Ottawa et

3. Je rappelle que je parle du déficit de notre part fédérale et de toutes les administrations publiques québécoises combinées.

qu'à Québec. On parle ici de réductions d'impôt bien plus importantes que dans la moyenne des pays de l'OCDE (fig. 15).

Figure 15

Revenus fiscaux par rapport aux PIB, 2010

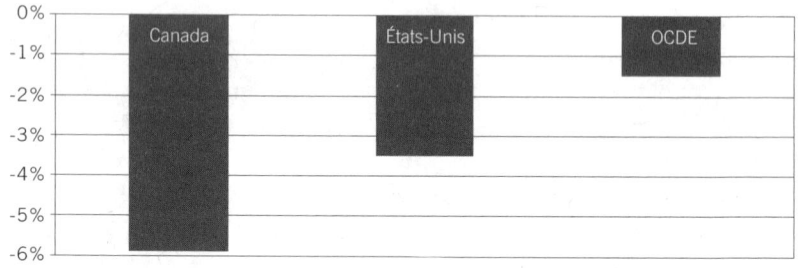

On entend souvent dire que les Québécois paient beaucoup plus d'impôts et de taxes que leurs voisins ontariens ou américains. Il y a une bonne part de mythe là-dedans. Les travaux de Luc Godbout, de l'Université de Sherbrooke, démontrent hors de tout doute que les Québécois paient un niveau semblable de charges fiscales, la différence étant que le Québec a une fiscalité plus progressive, qui permet de mieux redistribuer la richesse et qui est plus axée sur les impôts et moins sur les taxes et tarifs.

Je cite Godbout : « Une comparaison plus spécifique avec les États-Unis révèle aussi une amélioration sensible de la position concurrentielle de la charge fiscale québécoise. Alors qu'en 2000, le bilan était partagé, la moitié des situations analysées avantageait le Québec, l'autre, les États-Unis. En 2008, 6 cas sur 8 favorisaient le Québec. Dans les deux cas restants, le Québec a malgré tout réduit l'écart avec les États-Unis, le faisant passer d'environ 5 points de pourcentage à moins d'un point[4]. »

C'est donc dire que, une fois les impôts et taxes payés, et les crédits remboursables encaissés, la très grande majorité des Québécois ont plus d'argent en poche que leurs voisins ontariens et américains. C'est le résultat auquel est arrivé l'économiste Pierre Fortin en calculant le revenu réel

---

4. Jean-François Lisée, « Revenus : 99 % des Québécois font mieux que 99 % des Américains », calculs présentés dans son blogue hébergé sur le site du magazine *L'actualité*.

des familles après impôts et taxes pour l'année 2007. Sachant que l'économie ontarienne a plongé depuis 2008 et que celle du Québec a beaucoup mieux résisté, l'écart s'est sans doute encore creusé à l'avantage du Québec.

En outre, les Québécois paient moins cher que leurs voisins ontariens et américains pour certains services : c'est vrai pour l'électricité, l'université, les garderies, les autoroutes (sans péages), les assurances auto et, dans le cas des Américains, pour les dépenses en santé.

On peut conclure sur la question des revenus en affirmant que, dans l'une ou l'autre des hypothèses budgétaires envisagées, le Québec souverain sera un pays normal. Il aura une fiscalité compétitive et, s'il choisit de maintenir un budget équilibré, cette compétitivité fiscale ira en augmentant par rapport à ses voisins, puisque les déficits, comme on le sait, mènent à l'endettement. Et une dette, ça se paye.

Cette dette qui nous pèse

Pour beaucoup de gens, l'endettement du Québec représente un vrai poids, une oppression qu'ils ressentent personnellement. C'est en effet devenu un lieu commun au Québec : nous croulons sous les dettes. Lorsque j'expliquais un jour à une amie que notre endettement n'était pas si catastrophique, elle a ressenti un véritable soulagement physique.

Il est vrai que l'endettement québécois est élevé – surtout depuis l'arrivée au pouvoir du gouvernement de Jean Charest, qui a une fâcheuse tendance à vivre à crédit[5]. Mais il faut relativiser. Gérard Deltell, le chef de l'ADQ jusqu'à sa fusion avec la CAQ, répète par exemple toutes les cinq phrases que nous avons la 5e dette la plus élevée du monde. Chaque fois, ça me hérisse. C'est pure démagogie que de psalmodier ça comme un mantra, et ça décourage les gens.

Le discours sur l'endettement du Québec s'est cristallisé depuis l'époque du déficit zéro, à tel point que la majorité des Québécois considèrent maintenant que la dette publique est un fardeau écrasant, qui fait que nous sommes à la veille de subir le même sort que la Grèce.

5. Si bien qu'en 2010 le gouvernement Charest était responsable de 30 % de la dette accumulée par le Québec.

Cette perception est un formidable obstacle quand vient le temps de proposer un programme d'investissements majeurs. Si on ajoute à cela les déficits consécutifs à la crise financière, le vieillissement de la population et les coûts du système de santé, on comprend que les gens soient très pessimistes. Pourtant, cette perception négative est exagérée.

Lorsqu'on analyse le niveau d'endettement d'un pays, on doit le faire en se fondant sur la dette nette. Prenons l'exemple de la Norvège, dont la dette brute correspond à 56 % de son PIB. Si on regarde plutôt le résultat net, on réalise que ce pays scandinave (qui s'est séparé de la Suède en 1905) n'a en fait aucune dette! Si les Norvégiens remboursaient demain matin toute leur dette publique, il y aurait encore des milliards dans les coffres, l'équivalent de 124,6 % de leur PIB.

Nous pourrions faire le même parallèle avec Hydro-Québec. En 2009, «Hydro» avait une dette de 37 milliards, ce qui pourrait nous effrayer. Mais la société d'État possède des installations dont la valeur cumulée atteint 58 milliards de dollars. Claude Garcia évaluait à 130 milliards de dollars la valeur de l'entreprise, si elle était privatisée et libre de fixer ses tarifs au niveau ontarien[6].

De même, si on compare le Québec souverain à d'autres pays sur la base de sa dette *nette*[7], on se rend vite compte que sa situation est plutôt enviable[8] :

---

6. *La Presse*, 2 juin 2007

7. La dette nette se compose du passif financier moins les actifs financiers. Ainsi, les actifs non financiers comme les barrages d'Hydro-Québec, les hôpitaux, les écoles, les routes et toutes les autres infrastructures publiques ne sont pas comptabilisés.

8. Tous les chiffres sur le Québec qui vont suivre sont calculés en fonction de l'ensemble du secteur public, y compris notre part fédérale et les administrations locales.

Engagements financiers nets – 2010

1	Japon	116 %	8	France	58,9 %
2	Grèce	115,5 %		Zone euro	58,5 %
3	Italie	98,6 %		OCDE	58,1 %
4	Belgique	80,3 %	9	Irlande	54,9 %
5	Portugal	69,6 %	10	Royaume-Uni	53,9 %
6	États-Unis	68,4 %	11	Allemagne	52,2 %
7	Hongrie	61 %	12	Québec	49,5 %

Ce que la plupart des observateurs ne relèvent pas, c'est que la situation a radicalement changé depuis 2008 et que, dans ce contexte, le Québec est dans une position plutôt enviable, non seulement par rapport aux pays de l'OCDE, mais face à ses voisins immédiats, l'Ontario et les États-Unis. L'Ontario prévoit des déficits cumulés de 90 milliards pour les 7 prochaines années. Si on rajoute la nécessité pour cette province d'investir des dizaines de milliards dans ses installations nucléaires vétustes dans les prochaines années, on comprend que son endettement va rapidement dépasser celui du Québec.

Aux États-Unis, comme on l'a déjà évoqué, la situation est bien pire. En fait, les Américains vont devoir faire défaut sur leur dette d'une façon ou d'une autre. La voie la plus probable, et dans laquelle ils se sont déjà engagés, consiste à augmenter massivement leur masse monétaire, ce qui mène à la réduction de la valeur de leur dette.

Au bout du compte, ce qui est important, c'est le service de la dette et notre capacité de nous en acquitter. Or, en 2010, le service de la dette du gouvernement du Québec était moins élevé qu'en 1998, et encore beaucoup moindre en pourcentage du PIB (fig. 16). En 1998, Québec déboursait ainsi 6,765 milliards de dollars pour rembourser sa dette, contre 6,154 milliards en 2010. Dans le même temps, le PIB augmentait, passant de 182 milliards en 1998 à 316 milliards en 2010.

Le même phénomène s'est produit à Ottawa, mais avec encore plus d'ampleur. En 1998, Ottawa déboursait 43 milliards pour le service de sa dette et, en 2010, seulement 29 milliards. Pendant ce temps, le PIB passait de 910 à 1 623 milliards de dollars[9].

---

9. Les chiffres proviennent de Finances Canada : Tableaux de référence financiers.

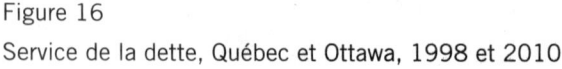

Figure 16

Service de la dette, Québec et Ottawa, 1998 et 2010

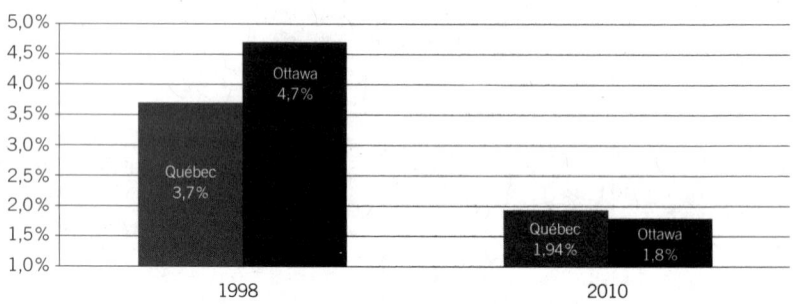

Dans l'après-coup de l'écroulement du viaduc de la Concorde à Laval en 2006 et de la commission d'enquête qui s'ensuivit, le gouvernement Charest a lancé un programme d'investissements dans les infrastructures de 42 milliards de dollars, financé par des emprunts. Cela fera en sorte d'augmenter massivement la dette. La nécessité d'investir dans les infrastructures est criante, certes. Le problème, c'est qu'on a de bonnes raisons de soupçonner qu'une grande partie de ces investissements va aller dans les poches de la mafia.

Le Québec, on l'a vu, a un niveau d'endettement net qui se situe dans la moyenne des pays de l'OCDE. Et sa situation par rapport à ses voisins s'est améliorée depuis la crise financière. Pour peu que l'on se résolve à maintenir l'équilibre budgétaire et que le gouvernement réduise son recours au crédit, il n'y a pas lieu de craindre une détérioration majeure de notre endettement dans les prochaines années, rien en tout cas qui puisse nous acculer à la faillite technique qu'a connue la Grèce.

La fonction publique : libérer nos forces

Contrairement à François Legault, j'ai l'intime conviction que les planètes sont alignées pour que le Québec décide enfin d'accéder à sa pleine liberté politique. Pour ce faire, il faut que le PQ soit au pouvoir. Les cycles politiques font en sorte que nous avons une occasion par génération de réaliser la souveraineté. La voilà qui approche à grands pas, et il se trouve qu'au même moment, le besoin de rénover notre seul véritable État national devient de plus en plus impérieux.

Or, il se trouve aussi que deux conditions de rénovation de l'État pourraient être bientôt réunies. La première, celle que nous avons exploré dans ce livre, est la nécessité de rebâtir des pans entiers de notre appareil public au moyen de la souveraineté. De rénover ou de construire pour le nouveau pays des organisations affranchies des lourdeurs du passé avec le savoir-faire du xxi⁰ siècle, alors que les technologies de l'information et les connaissances en gestion permettent d'alléger et de rendre beaucoup plus efficaces les institutions collectives.

La seconde condition découle de la mutation démographique que nous sommes en train de vivre, alors que de très nombreux employés du secteur public s'apprêtent à prendre leur retraite. Nous ne pourrons et ne devrons pas les remplacer tous. D'abord, parce que le bassin de main-d'œuvre n'y suffirait pas, mais aussi parce que l'informatique et d'autres innovations ont rendu obsolètes bien des tâches qui étaient incontournables dans les années 1970 et 1980.

Selon Statistique Canada, le quart des employés de la fonction publique fédérale seront admissibles à la retraite au cours des 5 prochaines années et, comme les baby-boomers forment les deux tiers des effectifs, nous pouvons nous attendre à des départs massifs d'ici la fin de la décennie. La même situation prévaut au sein de la fonction publique québécoise.

Cette réalité pose des défis importants, notamment en matière de transmission des connaissances et du savoir-faire. La politique actuelle du gouvernement du Québec de ne remplacer qu'un fonctionnaire sur deux connaît déjà des ratés. Or, la libération des effectifs québécois de la bureaucratie fédérale permettra à de nombreux fonctionnaires compétents de combler une bonne part des postes laissés vacants par les nouveaux retraités.

Par ailleurs, il sera possible de modifier en profondeur le fonctionnement de l'État pour le rendre plus efficace, en aplanissant les hiérarchies et en libérant nos fonctionnaires de règles rigides héritées des années 1960 et 1970. Les jeunes Québécois appelés à prendre la relève d'une fonction publique qui nous a fort bien servis dans le passé sont prêts à servir à leur tour.

Encore faudra-t-il accepter de les payer mieux et de leur offrir des conditions organisationnelles modernes, souples et motivantes. Financièrement, c'est tout à fait réaliste. Si, par exemple, un ministère donné qui avait auparavant 500 fonctionnaires à son actif et une masse salariale de 50 millions de dollars se retrouve quelques années plus tard avec 400 fonctionnaires et une masse salariale de 40 millions, il sera possible d'augmenter les salaires sans que cela ne nous coûte un sou de plus.

Nous avons l'habitude de pester contre les bureaucraties, souvent avec raison. D'ailleurs, les bureaucraties privées ne sont pas moins exaspérantes, il suffit de faire affaire avec Bell Canada pour en être convaincu. Mais il faut faire la différence entre la bureaucratie et les professionnels du service public. Il y a là des gens extrêmement compétents qui ne demandent pas mieux que de donner leur maximum. Il suffit de prendre les moyens de libérer ces forces.

Libérer nos énergies

Depuis quelques années, la question des périls économiques du vieillissement de la population a investi le débat public. Mais pour le Québec, le danger de loin le plus inquiétant, c'est celui de la détérioration de notre balance commerciale internationale (fig. 17), qui est dans un état *catastrophique*. Ce mot, je le pèse soigneusement.

En 2008, avec un prix moyen de 108 $ le baril, le déficit commercial du Québec a explosé, atteignant 17,6 milliards, ce qui représente tout près de 6 % de notre PIB. Ce déficit s'expliquait entièrement par nos importations de produits pétroliers, qui ont coûté 20 milliards de dollars cette année-là. Au même niveau de consommation, un baril à 150 $ nous aurait coûté 28 milliards, et à 200 $, il aurait fallu débourser 37 milliards. Un déficit commercial de cette envergure bloquerait la croissance économique bien plus sûrement que le vieillissement de la population ou tout autre facteur.

Figure 17

Balance commerciale internationale du Québec, 2005-2010

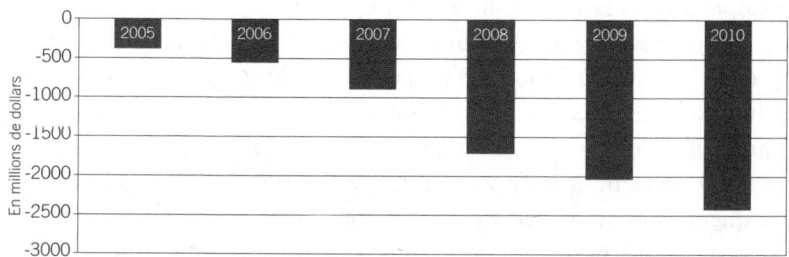

Je ne vois que deux façons d'éviter un tel scénario : produire nous-mêmes du pétrole ou réduire radicalement notre consommation. Il n'est pas exclu que le Québec produise un jour du pétrole à grande échelle. Si c'est le cas, nous serions bien avisés d'avoir réalisé la souveraineté si nous ne voulons pas que la moitié des revenus fiscaux qui en découlent ne prennent le chemin d'Ottawa. Quoi qu'il en soit, la priorité évidente, c'est de prendre tous les moyens pour réduire vite et fortement notre consommation de pétrole en lui substituant d'autres sources d'énergie ; notre abondante hydroélectricité, en particulier. Les deux voies à privilégier consistent à abandonner les systèmes de chauffage et les procédés industriels au mazout, très polluant, et surtout à sortir le pétrole des transports.

Là encore, il y a deux voies à privilégier : l'électrification des véhicules[10] et un accroissement significatif des transports collectifs, deux mesures qui nécessiteront des investissements majeurs dans les infrastructures. Cela nous permettra du même coup d'inscrire l'économie québécoise dans le monde nouveau en train de naître sous nos yeux.

Car le monde est en train de changer. Les économies occidentales sont entrées dans une phase où deux défis considérables devront être surmontés pour éviter la stagnation économique : le vieillissement des populations et l'endettement des États. Par contraste, la plupart des pays

---

10. Bien qu'il ne faille pas écarter l'émergence des biocarburants de seconde génération en particulier, l'éthanol cellulosique produit à partir de déchets domestiques, agricoles ou forestiers.

émergents connaissent une croissance démographique importante et ont des finances publiques très saines. Il y a moyen, pour le Québec, de prospérer dans ce monde nouveau.

La croissance économique est composée de deux facteurs : la démographie et la productivité. Il n'y a pas trente-six façons de compenser une faible démographie. Il faut accroître notre productivité ; celle de nos entreprises, mais aussi celle de nos infrastructures publiques. Faire plus et mieux avec moins, c'est possible. Les transports en sont un exemple éloquent. Avec un système de transport collectif, un réseau de métro par exemple, nous pouvons transporter plus de personnes, plus vite, avec moins d'énergie et à meilleur coût qu'avec l'automobile individuelle. Le même raisonnement vaut pour les trains de banlieue ou interurbains.

Quand vient le moment de choisir les domaines où l'État doit investir, il importe d'identifier les secteurs qui permettront la meilleure hausse globale de productivité, mais également ceux qui sont les plus rentables pour la collectivité. Par exemple, si on juge que des investissements dans les transports collectifs vont provoquer une hausse significative de la productivité et qu'en plus les retombées économiques demeureront en bonne partie au Québec, c'est le meilleur des mondes.

Une façon de compenser la faiblesse structurelle de la croissance économique occidentale est de profiter du boom des économies émergentes dans les infrastructures. Si, par exemple, le Québec se lançait dans un vaste chantier de transformation des transports pour réduire sa dépendance au pétrole, il acquerrait en cours de route une vaste expertise et découvrirait sans doute de nouvelles technologies et de nouveaux procédés. Un peu comme ce fut le cas au moment de la Baie James pour le génie civil.

Or, tous les pays du monde – y compris notre voisin et meilleur client, les États-Unis – seront confrontés un jour ou l'autre à la raréfaction et aux coûts prohibitifs du pétrole et des autres formes d'énergie fossiles non renouvelables. Le savoir-faire québécois pourra alors profiter d'un marché en forte croissance.

Je donne l'exemple des transports et du pétrole parce que selon moi, c'est le domaine le plus urgent et le plus frappant. Mais les forces du Québec, c'est aussi la culture, qui est un véritable moteur économique et qui, elle, ne peut être fabriquée en Chine. C'est aussi la forêt, une ressource renouvelable qui, si elle est exploitée intelligemment, en y intégrant de la valeur ajoutée, peut continuer à nous enrichir indéfiniment. Les forces du Québec, ce sont aussi les hautes technologies, où nous avons pris pied à force de soutien étatique.

Mais dans chacun de ces domaines, l'État fédéral, que nous finançons, constitue un obstacle plutôt qu'un soutien. En effet, les politiques fédérales n'encouragent nullement la réduction de notre consommation de pétrole, méprisent la culture, délaissent complètement la forêt et laissent aux mains de politiciens créationnistes les hautes technologies et la science. Nous n'avons pas les moyens de nous payer deux États, et moins encore de nourrir ce gouvernement fédéral qui, pour le Québec, fait davantage partie du problème que de la solution.

Conclusion

C'est entendu, ma conviction profonde, c'est que la nation québécoise finance un gouvernement qui le dessert. Et la nature même de la position politique du Québec dans le Canada nous empêchera à jamais de réduire fortement l'influence du gouvernement fédéral, tout comme il nous sera impossible de mettre fin aux chevauchements coûteux et inefficaces que nous avons examinés tout au long de ce livre.

Pourquoi, alors qu'elle peut l'éviter, une nation de 8 millions d'individus devrait-elle continuer à financer deux Conseils du trésor, deux ministères de la Santé, de l'Environnement, des Ressources naturelles, des Travaux publics, des Transports, du Travail, et j'en passe? Pourquoi entretenir deux parlements, dont un où notre poids politique diminue sans cesse?

Par ailleurs, on assiste au Canada à une dynamique de centralisation qui fait en sorte que le gouvernement fédéral devient toujours plus vaste, ce qui correspond à la volonté d'une majorité de Canadiens d'en faire leur gouvernement national. On ne peut pas le leur reprocher.

Mais la nation québécoise ne peut en aucune façon se permettre un affaiblissement trop prononcé du seul État qu'elle contrôle, sous peine de disparaître doucement, tranquillement, insensiblement.

J'évoquais, au début de ce livre, l'affirmation de Jean Charest selon laquelle la démonstration que le Québec pouvait mieux réussir en dehors du Canada n'avait pas été faite. Comme c'est le cas depuis des décennies, on nous présente la souveraineté comme un risque. Il me semble au contraire que le seul vrai risque pour la nation québécoise, c'est de demeurer au sein du Canada.

Ouvrons les yeux. Le Québec est bel et bien confronté à un problème vital. Ce problème, ce n'est pas qu'il y a « trop de gouvernement ».

Le problème, c'est qu'il y a un gouvernement de trop.

Table des matières

Marquis imprimeur inc.

Québec, Canada
2012

Cet ouvrage composé en Adobe Garamond Pro corps 11 a été achevé d'imprimer au Québec
le vingt-quatre avril deux mille douze sur papier Enviro 100 % recyclé
pour le compte de VLB éditeur.